中国所有権改革の研究

徐 春陽

The Study of Reform of Ownership in China

目　次／中国所有権改革の研究

序章　問題設定……………………………………………………… 3
    第1節　問題設定　　　　　　　　　　　　　　　　3
    第2節　産権改革を研究する意義　　　　　　　　　4
    第3節　社会過程として産権を捉える意義　　　　　7
    第4節　本書の構成　　　　　　　　　　　　　　　9

第1章　中国国有企業の組織特性と産権 ………………… 15
    はじめに　　　　　　　　　　　　　　　　　　　15
    第1節　国有企業の定義とその社会的位置　　　　 15
    第2節　「単位」としての国有企業　　　　　　　　17
    第3節　「コミュニティ」としての国有企業　　　　22
    第4節　国有企業形成の歴史的経緯　　　　　　　 24
    第5節　計画経済体制下での企業・政府間関係と産権　28
    第6節　全面的社会改革としての国有企業改革　　 32

第2章　国有企業改革における産権改革の位置 ………… 37
    はじめに　　　　　　　　　　　　　　　　　　　37
    第1節　改革開放政策の始動と農村改革　　　　　 37
    第2節　郷鎮企業の発展と外資導入　　　　　　　 40
    第3節　改革開放政策の特徴　　　　　　　　　　 43
    第4節　国有企業改革：第一期　　　　　　　　　 46
    第5節　国有企業改革：第二期　　　　　　　　　 48
    第6節　国有企業改革：第三期　　　　　　　　　 51

第7節　国有企業改革における産権改革の位置　　　57
　第8節　産権改革と社会主義公有制　　　59

第3章　国有企業改革とその社会的帰結 ………… 69
　はじめに　　　69
　第1節　経営自主権の実施状況　　　70
　第2節　国有企業の生産性と財務状況　　　73
　第3節　経営者に関する変化　　　74
　第4節　経営自主権拡大の社会的帰結　　　76
　第5節　国有資産の流出　　　78
　第6節　移行経済とインサイダー・コントロール　　　80
　第7節　国有資産の流出と社会階層の分化　　　83

第4章　産権改革とコーポレート・ガバナンス ………… 91
　はじめに　　　91
　第1節　コーポレート・ガバナンス問題の発生　　　92
　第2節　資本主義国家のコーポレート・ガバナンス　　　93
　第3節　コーポレート・ガバナンスの中国的文脈　　　96
　第4節　産権改革とコーポレート・ガバナンス　　　101
　第5節　インサイダー・コントロールと
　　　　　　コーポレート・ガバナンス　　　104
　第6節　産権改革と地方における政府・企業間関係　　　109

第5章　産権改革過程の事例研究 ………… 117
　はじめに　　　117
　第1節　四川省の産権改革　　　118

第2節　合川市の概況　120
　第3節　合川市の産権改革　122
　第4節　合川市における産権改革企業の事例分析　127
　第5節　合川市の事例からの考察　136
　第6節　涪陵市の産権改革　138
　第7節　政府・企業間関係の新たな次元　145

第6章　産権改革と地方政府の役割 …………………… 151
　はじめに　151
　第1節　地方政府とローカルな開発主義体制　151
　第2節　経済発展における地方政府の役割　154
　第3節　地方政府コーポラティズム　157
　第4節　国有企業への適応可能性　163

終章　産権改革と社会主義公有制 ………………………… 167
　はじめに　167
　第1節　産権改革に着目する意義　167
　第2節　株式会社化と公有制原則　169
　第3節　ローカルな開発主義体制と社会主義公有制　172

おわりに …………………………………………………… 177
参考文献 …………………………………………………… 179
あとがき …………………………………………………… 191
事項索引 …………………………………………………… 193
人名索引 …………………………………………………… 195

中国所有権改革の研究

序章　問題設定

第1節　問題設定

　中国における所有権改革とは、農村においては土地所有制度の改革であり、都市においては国有企業の改革である。本書の目的は、とくに後者の国有企業改革に焦点をしぼり、中国における所有権改革がどのように進められているか、そしてその改革が社会にどのようなインパクトを及ぼしているのかを明らかにすることである。

　中国における国有企業の改革は改革開放政策とともに始まるので、すでに20数年の歴史がある。しかし改革開放政策のなかで国有企業改革の重要性が高まったのは1990年代に入ってからである。そして1990年代における国有企業の改革の焦点は、「産権改革」であった。産権とは財産権を意味しており、国有企業の産権とは法人の財産権ということである。国有企業の産権改革とは、直接には法人財産権を確立することを通して所有と経営を分離することを意味する。産権改革によって法人財産権を確立することを通して、経営効率の悪い国有企業を市場経済に適合的な現代的な企業に作り変えるというのが、国有企業の産権改革を遂行するにあたっての中国政府の狙いであった。

　市場経済の国において法人財産権それ自体は自明であり、その確立自

体が問題にされることはない。しかし、中国は社会主義国家であり、とくに改革開放政策以前の計画経済体制時代においては都市の工業企業は原則として国有企業であった。そこにおいて企業は国家が直接管理するものであり、企業という法人の財産権が独立して認められることはなかった。企業財産は基本的に国家の財産、すなわち国有財産だったからである。産権改革が所有と経営の分離によって法人財産権を確立することを意味するという事情の背後には、このように中国が社会主義の国家だという事実がある。

　本書では、この中国の国有企業改革における産権改革を一つの社会過程として研究したい。国有企業改革のなかでとくに産権改革を取り上げるのは、産権改革を一つの社会過程として研究することによって、現在の中国の変動の様相を描写し、かつ変動の方向性を見通すことが可能になると考えるからである。

第2節　産権改革を研究する意義

　いま上に述べたように、産権改革を一つの社会過程として研究することによって、現在の中国の変動の様相を描写し、かつ変動の方向性を見通すことが可能になると考えるのであるが、そう考える理由を説明しておきたい。すなわち、産権改革を研究する意義について説明しておきたいと思う。

　中国の国有企業改革について言及されるときに、決まっていわれるのは、国有企業改革が困難だということである。マスメディアによる報道に際して困難さが強調されるだけではなく、国有企業改革の推進者である中国政府当事者も、国有企業改革に言及するときにその困難さを指摘する。

　確かに、国有企業改革が20数年の歴史をもっているにもかかわらず、2003年の全国人民代表大会でも依然として国有企業改革が今後の重点課

題としてあげられている。それは2003年に限ったことではなく、毎年の全国人民代表大会の政府報告において常に重視されてきた。国有企業改革の課題は変化しているので、国有企業改革が全く停滞しているわけではない。しかし改革の歩みが遅々としていることは確かである。それはとりもなおさず国有企業改革の困難さを物語っている。もしも国有企業改革が簡単に遂行可能ならば、かくも長きにわたって毎年のように国有企業改革を政府が重点目標に掲げることはないと考えられるからである。

　では、国有企業改革が困難なのは、なぜだろうか。それは国有企業という社会組織の特殊な性格に由来する。詳しくは第1章において説明するが、「企業」という名称を使用してはいるが、計画経済時代の国有企業は資本主義における企業とは全く異なる組織であった。生産組織としては、独立の経営体ではなく、単なる「工場」であった。また企業は生産組織であるだけでなく、同時に行政組織であり、政治組織であり、消費組織であり、社会保険・社会福祉組織でもあった。国有企業は、生産、行政、政治、消費、社会保健、社会福祉など社会生活のあらゆる領域において、党・政府の指令で動く手足であったとも表現できる。党・政府と企業の間に完全な命令―従属関係が存在していたのである。

　したがって、国有企業改革とは、経済改革を意味するだけではなく、同時に行政改革であり、政治改革であり、社会保険・社会福祉に関する改革であった。このような社会生活のほとんど全面にわたる改革が短期間に進むことは考えにくい。改革は必ず既得権益集団の利害を侵害する結果を生むからである。

　中国の国有企業改革に即していえば、国有企業改革は、党・政府と企業の間にあった命令―従属関係を変化させ、再編させることを含んでいた。国有企業を監督していた政府機関は既得権益を有しており、国有企業改革はその既得権益を脅かすものであり、そのために、既得権益を有する政府機関は国有企業改革に激しく抵抗したのである。

しかし改革のこのような困難さにもかかわらず、国有企業改革は継続的に進められてきた。そして第2章において詳述するように、1990年代にその最も重要な局面を迎えるのである。その局面がまさに産権改革であった。したがって産権改革の過程のなかには、中国社会の変化が凝縮して反映されていると考えられる。

産権改革が政府の政策である以上、そこになんらかの政策意図がある。その意図が何であったのか。なぜその時期にその意図をもった産権改革という政策が構想されたのか。その意図をめぐってどのような議論があったのか。また産権政策がどのように実行されたのか。その結果、どのような結果がもたらされたのか。それが当初の狙いどおりの結果を生んだのか。国有企業改革はどのような段階に至ったのか。このように産権改革についてどのような議論があったのか、政策がどのように実行されたか、政策の結果、どのような結果が社会的に生まれているのか等々について検討することによって、中国社会の1990年代の変化の様相を浮き彫りにすることができるだけでなく、さらにどういう方向に変化しているのかについての示唆が得られるはずである。

産権改革に関してとくに重要なのは、それが単なる組織改革という範囲を越えて、所有制度にまで踏み込んだ改革を意味しているということである。すでに述べたように、産権改革は所有と経営の分離によって政府と企業の命令―従属という非対称的関係を精算し、国有企業を市場経済に適合的な独立した経営主体として確立することを目指していた。それは国家が所有者としての地位に後退し、企業に経営の独立性を与えるということを意味する。もしも中国が市場経済の国家と同じ政治体制に単純に移行するというなら、そのことに関して問題は生じない。しかし、そこに中国特有の条件が加わる。すなわち、中国が社会主義国家としての原則を堅持しているということである。所有と経営の分離によって産権を確立するという方針が本格化したのは、1990年代初頭に「社会主義市場経済」の方針が公表されて以降である。その方針以降、経済的次元

では計画経済から市場経済に全面的に移行することが確定した。しかし「社会主義市場経済」という言葉に示されているように、政治的次元では社会主義の原則を堅持している。この点において同じ計画経済から市場経済への移行経済といっても、旧ソ連や東欧諸国とは異なる[1]。まさに中国特有の条件であるといえる。産権改革は、社会主義公有制という社会主義国家中国の国家原理に抵触する問題をはらむことになる。

逆にいえば、産権改革が社会主義公有制という中国の国家原理に抵触する所有制度の改革にまで踏み込んだがゆえに、中国社会がどのように変化しているかを考える上で、産権改革の研究は重要な意義をもっているといえる。産権改革の過程において、どのような路線の対立があったのか、それが結局どのような方向に収束していくのか、その結果として現実には政府と企業の関係に関してどのような構造が生まれたのか。それについての研究は、中国という国家が実質的にどのような方向に変化しているのかを考える材料を提供していると期待できる。

第3節　社会過程として産権改革を捉える意義

次に、社会過程として産権改革を捉えるという本書の研究視角について触れておきたい。

中国の国有企業改革はすでに20年以上の歴史をもつので、それについては、中国国内のみならず、日本や欧米諸国においても、すでに多くの研究が積み重ねられてきた。国有企業改革を分析する視点も、経済学、経営学、社会学、政治学など様々である。もちろん、国有企業の研究が企業という経済組織の研究であるということから、経済学、経営学の立場からの研究が最も多い。

国有企業改革のどの側面を研究の対象とするかも多様である。具体的に指摘すれば、国有企業改革の財政的側面、金融的側面、マクロ経済運営上の問題、企業経営体制の問題、労働の側面、「財産権」問題、国有資

産管理の問題、政企分離・党企分離の問題、累積債務・銀行債務の問題、社会的負担と社会的保障の問題である。

　研究蓄積の最も多い経済学・経営学的研究のなかでも論者によって国有企業の改革を見る視点は多様であるが、誤解を恐れずに端的にいえば、どのような政策をとれば国有企業改革が成功するかという問題関心が暗黙の前提になっている点においては共通している。経済学、経営学における多種多様な研究は、そうした問題関心に立った上で、どこに着目して議論を組み立てているかの差であるといえる。

　概して、経済学・経営学の分野において、産権改革に関して1990年代半ば以降に問題の焦点になってきたのは、コーポレート・ガバナンスをめぐる問題であった。国有企業の改革は経済改革の一環であり、赤字体質の国有企業をいかに経済成長に貢献する企業に作り変えるかということが改革の課題であったが、その狙いどおり競争力をもった企業に復活した例もあるものの、逆に当初の目的とは裏腹に、所有と経営の分離によって経営者に経営改善のインセンティブが生まれるどころか、経営をチェックする仕組みの不在の背後で、経営者の私利追求的行動が生まれる状況も出てきた。その問題をどう解決するかが、コーポレート・ガバナンスの問題として問われたのである。つまりコーポレート・ガバナンス論は、所有と経営の分離という方針がなぜ経営効率の改善につながらないかという問題意識を有する研究である。この問題意識が、どのような政策をとれば国有企業改革が成功するかという問題関心の裏返しであることは容易に了解されるだろう。

　しかしながら、本書の目的はどのような政策をとれば国有企業改革が成功するかという問題関心を直接的に追求することではない。産権改革に即して言い換えれば、国有企業を改革するために、どのように産権改革を進めるべきかを考察することが本書の直接の目的ではない。国有企業改革についての経済学的および経営学的観点からの研究とは別の切り口で産権改革を分析することが本書の意図するところである。

では、どのような視角から産権改革を分析するかであるが、上に述べたように、本書では産権改革を一つの社会過程として研究したい。産権改革に限らず、それを含んだ国有企業改革という社会過程は、単なる経済改革、あるいは企業の経営改革を越えた社会現象であり、国有企業改革を単なる経済改革、あるいは企業の経営改革としてだけ捉えることは、複雑な現象を過度に単純に捉えることになりかねない。換言すれば、経済学的および経営学的視点だけからそれを分析するならば、複合的な要素を包含する社会的変化として捉えるべき現象を恣意的に切り取ることになる。もちろん、ここでわたしは経済学的あるいは経営学的視点からの研究が誤っているといおうとしているわけではない。単なる経済改革の過程にとどまらない要素を含んでいる国有企業改革を研究する別の視点がありうることを主張したい、ということである。そしてそれを本書で行いたいのである。

国有企業改革の一局面である産権改革を一つの社会過程として捉えるという課題を、本書では具体的に次のような問題を考えることによって果たそうと思う。第一に、なぜ国有企業改革が困難なのか。第二に、産権改革が国有企業改革の重要局面となったことはどういう意義をもっているのか。第三に、産権改革を行うにあたってどのような社会的背景があったのか。そしてそこにどのような政策的意図があったのか。第四にまた、産権改革を遂行した結果、どのような状況が出現したのか。当初の意図どおりの結果がもたらされたのかどうか。第五に、トータルにみて、産権改革をどう評価できるのか。そこから国有企業改革を評価し、さらに中国社会の変動の方向を予測するならば、何がいいうるのか。

第4節　本書の構成

本書の構成について述べておこう。

第1章では、国有企業が企業組織としてどのような特性をもっている

か、あるいはもっていたかについて考察する。この章での問題提起は、なぜ国有企業の改革は困難な課題だといわれるのかということである。

すでに触れたように、2003年の人民代表大会でも、指導者交代に伴う前指導者の演説のなかでも、必ず国有企業の改革が課題としてあげられている。社会主義経済から市場経済へ移行したのはひとり中国だけではない。ソビエト連邦を含め、東欧諸国においても、国有企業の改革が遂行された。しかし現在もなお国有企業の改革が国家政策のレベルで重要課題になっているのは、中国だけといっても過言ではない。なぜそれほど改革が困難なのか。

この問題を突きつめていくと、「単位」制度に行き着く。中国社会主義の独特な制度である「単位」制度について説明し、それとの関わりにおいて国有企業改革の困難性を浮き彫りにしたい。

第2章では、国有企業の産権改革が1990年代後半に始まったことの意味について考察する。すでに述べたように、国有企業の改革は1970年代末から始まっているが、産権改革が本格的な改革の焦点になったのは1990年の中頃である。所有と経営を分離することによって国有企業を改革するという方向性は、すでに1990年代以前から提起されていたが、所有構造の改革にまで立ち入った改革が実施されるのは、1990年代後半になってからである。では、なぜその時期に産権改革が国有企業改革の中心課題になったのか。それにはどのような意味があるのかをこの章で考える。

それにはまず1990年代の改革開放政策全体がどのような方向を向いていたのかを知る必要がある。第2章では、1990年代初頭に新たに提出された「社会主義市場経済」という政策目標のなかで国有企業の改革が最重要課題の一つに位置づけられたこと、また国有企業改革の新たな内容として「現代企業制度の確立」が打ち出されたことを述べ、その文脈にそったかたちで産権改革が日程に上ったことを示す。それを通して、産権改革が国有企業改革において有する意味を明らかにするとともに、それを

越えて中国の改革開放政策全体にとってもつ意味について考察を加えたい。産権改革が中国の今後の方向性を予測する上で、重要な情報を与える事象であることの理由の一端をこの章で示したい。

　第3章では、国有企業改革がどのような社会的な結果を生み出したかを分析する。まず国有企業改革が目的どおりに企業経営の改善につながったかを検討する。その検討から、経営自主権の拡大が着実に進展しているのに、財務体質が改善されず、むしろ悪化している事実を明らかにする。改革は時として意図せざる結果を生み出すが、国有企業改革も改革政策が意図したものとは異なる結果を生み出した。国有資産の流出という問題である。第3章では、それが生じるメカニズムはどういうものかを明らかにし、あわせて改革の意図せざる社会的帰結が、産権改革後の国有企業のコーポレート・ガバナンスを問題とされる状況を作り出したことを指摘する。

　第4章では、コーポレート・ガバナンス論を扱う。いま述べたように、産権改革が思惑どおり進んで、経営と所有の分離が経営の自主性をもたらし、企業経営が効率化されたかというと、その狙いどおり競争力をもった企業に復活した例もあるが、逆に当初の目的とは裏腹に、産権改革によって経営者に経営改善のインセンティブが生まれるどころか、経営をチェックする仕組みの不在の背後で、経営者の私利追求的行動が生まれる状況も出てきた。その問題をどう解決するかが、コーポレート・ガバナンスの問題として問われたのである。

　この章では、コーポレート・ガバナンスとは資本主義国家においてそもそもどのような問題として提出されたのかを押さえた上で、中国的文脈におけるコーポレート・ガバナンス問題の特殊性を指摘する。そして中国の国有企業のコーポレート・ガバナンスを問題にしている代表的な論者の研究を検討し、それを通して産権改革によって企業と政府の関係がどのように変化しているかの見取り図を描き出したい。

　第5章では、実際の産権改革の事例を取り上げる。ここで取り上げる

事例は、地方政府管轄の国有企業改革のケースである。具体的には、四川省重慶大都市圏の合川市である。まず産権改革が実際にはどのように実行されたかを、筆者自身の実地調査に基づいて明らかにする。

産権改革を実施する目的は何だったのか。産権改革を実施した時期はいつだったのか。産権改革を主導した主体はどの機関だったのか。産権改革の内容はどのようなものだったのか。産権改革の結果、企業と政府の関係はどのように変化したのか。また企業経営は改善したのかどうか。これらの諸問題について事実関係を整理する。その上で、中央政府による産権改革の公式の目的、あるいは経済学・経営学の立場からの産権改革に関する議論が想定していなかった事態が現実の改革の場において生起していることを示したい。

第6章では、産権改革を分析するオルタナティブな視点について考察する。実際の国有企業の改革の90%を占めているのは、地方中小型国有企業の改革である。第5章で示すように、地方中小型国有企業における実際の産権改革の過程は、コーポレート・ガバナンス論では分析し切れない側面を含んでいた。したがって、産権改革をより客観的に把握するためには、コーポレート・ガバナンス論とは異なる視点が必要とされているといえる。

この章では、産権改革における地方政府の役割を重視する視点を提出し、その有効性について吟味したい。吟味の具体的な方法としては、郷鎮企業と地方政府の関係を研究対象としたOiの地域コーポラティズム論を検討する。そして、地方中小型国有企業の事例に地域コーポラティズム論を適用することの有効性を考察する。

終章では、前章までの産権改革の分析を踏まえた上で、産権改革が中国の社会主義体制の変質につながるものかどうかを論じる。産権改革は所有制度の改革であるが、それは社会主義公有制という原則に変更を迫るものなのかどうかを考察したい。国有企業改革から現在の中国社会の変化をどうみるかについての試論である。

[注]
1 社会主義計画経済から市場経済への移行という点で、中国とロシアを比較したものとして、長岡貞夫・馬成三・ブラギンスキー編(1996)を参照されたい。

第1章　中国国有企業の組織特性と産権

はじめに

　本章の目的は、国有企業が企業組織としてどのような特性をもっているか、あるいはもっていたかについて明らかにすることである。それを通してなぜ国有企業の改革は困難な課題だといわれるのかという問題を考察する。

第1節　国有企業の定義とその社会的位置

　最初に国有企業の定義から始めたい。中国において国有企業というのは企業資産が国家所有に帰属する経済組織を指す。国有企業を意味する用語としては、もともと二種類の表現法があった。それは、「全人民所有制企業」と「国営企業」であり、それらは同じ意味で用いられていた。1993年から「国営企業」に代わり「国有企業」ということばが用いられるようになり、今日に至っている。したがって、1993年以前は、中国の公式文書や新聞などでは、「国営企業」という用語が使用されていた。しかし、本書では1993年以前の国有企業について言及する際も、煩雑さを避けるために国営企業という用語を使わず国有企業という用語を統一的に用い

表1-1 経済類型別工業企業単位数の変遷 [1]

単位：10,000

	1993	1994	1995	1996	1997	1998	1999
企業単位数	991.16	1001.70	734.15	798.65	792.29	797.46	792.99
国有企業	10.47	10.22	11.80	11.38	9.86	6.47	6.13
集体企業	180.36	186.30	147.50	159.18	177.23	179.78	165.92
その他	800.33	805.18	574.85	628.09	605.20	611.21	620.94

出典：『中国統計年鑑』より作成。

る。

　計画経済体制下の中国では、基幹産業を中心に企業の所有形態は全人民所有制の国有企業であった。1990年代初頭で国有企業の数は約10万社であり、表1-1に示されているように、1990年代の末になって急減する。国有企業の数自体は全国企業総数の約1％にすぎないが、工業生産額では主導的な地位を占めていた。『中国統計年鑑』のデータによれば、改革開放政策が始まる前の1978年における工業生産額全体に国有企業が占める比率は77.6％であった。全国の企業の1％にすぎない国有企業が約8割の生産を支えていたことになる。ただし、その比率は、改革開放政策とともに市場経済への移行が始まると一貫して減少傾向にある。1985年には64.9％、1990年には54.6％、1995年には34.0％になった。1996年は36.3％と持ち直したが、その後は減少傾向が続いている。1998年には28.2％と3割を割り込み、さらに2001年には18.0％とついに2割を切った。1998年以降の急速な減少は、朱鎔基の首相就任以後、国有企業改革が加速され、多くの国有企業が国有以外の形態の企業に再編されたことの結果である。

　同様に、雇用の面での国有企業の比重も低下傾向にある。国有企業への就業人口について見ると、改革開放政策が始まったばかりの1980年に、都市就業人口のなかに国有企業の従業員が占める割合は76.2％であった。改革開放政策の進展とともにその比率は低下していくが、1980年代における低下のスピードは比較的緩やかなものであった。1985年

に70.2％、1990年に70.0％である。ところが1990年代に入ると国有企業の従業員数の減少傾向に拍車がかかるようになる。1995年には59.0％に低下した。1990年からの5年間で約11ポイントの減少であり、1980年代の10年間にわずか6ポイントしか低下しなかったことと比較すると、その低下傾向の速さが際立っている。その後、1996年は56.7％、1997年は54.7％と微減傾向が続くが、1998年以後、再び急速に低下するようになる。1998年には42.1％、1999年には38.2％、2000年には35.0％、2001年には31.9％である。しかし、都市就業者の三分の一弱が国有セクターに属していることは、国有企業が中国経済において有する意味が依然として小さくないことを示している。

産業の内容について見ると、エネルギー産業や資本集約的な基幹産業はほとんど国有企業によって占められている。たとえば石油採掘、電力、製鉄・鉄鋼などで、国有企業の比率がとくに高い。また化学、機械、自動車、電子・通信など、重要物資に関わるものは、国有企業がその中心である。もちろん、全国的な銀行等の金融部門は国有企業が主である。つまり経済の基幹部分を占める産業のほとんどが国有企業によって占められており、国有企業改革が急速に進展した1990年代後半を経た現在に至るも、その状況に基本的な変化はない。経済的比重は低下しているとはいえ、中国という国家が国有企業を戦略的に重要だと位置づけていることは明らかである。

第2節　「単位」としての国有企業

国民経済に占めるウェイトの大きさもさることながら、国有企業が特筆に値するのは組織として独特の性質を有している点である。そのことを日本の経済学者の小宮隆太郎は1980年代の中頃、「中国に企業は存在しない、あるいはほとんど存在しない」（小宮隆太郎 1989：72）と表現した。小宮の発言は、改革開放政策が開始されはしていたが、国有企業の改革

はあまり進んでいない段階での発言である。したがって計画経済体制下の国有企業に対して向けられた発言であると判断しうる。この小宮の説は、当時中国国内に少なからぬ論争を引き起こした。

　小宮の説のなかで言及されている企業概念は、経営学や経済学で一般に使われている企業概念である。すなわち、企業とは、最大利潤を追求する組織であり、生産活動がその活動の中心である組織であり、さらに生産活動、あるいは経営に関して自主権をもった組織である、等々。それらの要件は、企業が企業たりうるためには、必ず満たしていなければならない条件である。逆にいえば、それらの条件を満たしていないは組織は、企業ではない。しかしながら、社会主義体制下の中国の国有企業は、そのような条件を満たした組織ではない。それゆえ、中国の国有企業は、企業ではない。小宮がいおうとしたのは、以上のようなことであった。

　小宮が指摘するように、社会主義体計画経済体制下の中国において、国有企業は経営自主権をもっていなかったし、最大利潤を追求する組織でもなかった。小宮は、中国の企業が何を備えていないかを指摘したわけである。

　しかし逆に小宮は、資本主義社会における企業がもたない機能を中国の国有企業が有していることを見ていなかった。小宮は、改革開放政策において中国が市場経済を志向するならば、企業がどのように変わらなければならないかについて述べたのだが、そこから一歩進むと別の問題が見えてくる。つまり、中国の国有企業は、逆に何を備えているかという問題である。この意味で、小宮の中国の国有企業に対する見方は、中国の国有企業の組織としての性格を見る際の、別の視点を示唆しているものとみなすこともできよう。中国の国有企業の性質を検討する際に問わなければならない問題とは、もしも中国の国有企業が、資本主義における企業概念から見たときに企業とはみなせない組織であるならば、中国の国有企業はいったいどのような組織なのかという問題である。言い換えれば、資本主義体制下において企業が満たしていなければならない

経済的機能と照らし合わせたときに、中国の国有企業は、それとは異なるどのような機能をもっているのか。

中国の国有企業を資本主義社会の企業、たとえば日本の企業と比較したときに、直ちに明らかになる相違点は、中国の国有企業が経済機能だけでなく多種類の機能を兼ね備えているということである。中国の国有企業は、生産機能のほかに、社会保障・社会福祉、公的サービス、社会管理の機能を有している。そのことは改革開放政策以前の計画経済体制下において普遍的に当てはまるが、改革がかなり進んだ現在もなお、国有企業からその側面が完全に払拭されたとはいえない状況である。

このような経済的機能だけでなく、多機能を有する企業は、中国の日常会話のなかでは「単位」と呼ばれる。「単位」というのは職場組織の意味である。社会主義計画経済時代には都市における職場のほとんどが公有制の組織だったので、単位は公有制の組織とほぼ同義であった。国有企業だけでなく、政府のそれぞれの機関、各種の団体、学校、研究所、大きな病院なども、すべて「単位」と呼ぶ。「単位」は、仕事の場だけでなく、生活の場でもあり、中国の都市社会の社会構造の最も基礎的な構成要素である[2]。

「単位」は国有企業の労働者にとって、特別の重要性をもっている。「単位」は労働者に雇用を与える。労働者は「単位」に勤めることによって所得を得て、一家の生計を支える。計画経済時代において「単位」が与える雇用は、文字どおりの終身雇用であった。罪でも犯さない限り、失業の心配はなかった。すなわち国有企業労働者は、政治的理由、あるいは規律上の理由以外で解雇されることはなかった。すなわち生産が停滞したとか、不良品を生産したなどのような経済的理由では解雇されることはなかった。この雇用慣行を表現するために、「鉄飯椀(ティエファンワン)」ということばが日常的に使われた。「鉄飯椀」とは鉄製の飯茶碗のことであり、失業の心配がなく安心して生活ができることを意味した。

退職してから後も、労働者は年金を生涯にわたって所属する「単位」か

ら受け取る。労働者と「単位」の関係は、労働者が退職しても切れることはない。この点は、日本のように政府が公的年金を制度として運用するシステムと異なる。日本の場合、労働者は退職すると原則としてその企業と関係が切れ、公的機関から年金を受け取る。これに対して、中国の国有企業の労働者は、その企業を退職しても、公的機関から年金を受け取るのではなく、勤務していた企業から年金を支給される。具体的には、定期的に元勤めていた「単位」に出向き、年金を受け取るのである[3]。

　このように退職後の経済的保障も、労働者が「単位」に所属していたからこそ得られるのであり、「単位」に所属したことがない人は、必然的に年金もないことになる。「単位」制度を通して失業なき終身雇用が実現されていたのであって、その意味で「単位」は労働者の経済生活にとってきわめて重要性な存在であった。

　「単位」が重要なのは、経済生活の面ばかりではない。「単位」は労働者に対して、医療保険を給付する。また「単位」は労働者の健康管理のための病院、あるいは診療所を運営している。風邪などの軽症の病気の場合は、「単位」が運営している病院、もしくは診療所で診察を受け、治療してもらう。手術・入院等が必要であるような重い病気の場合や、医学的検査等が必要な場合は、自分が所属する「単位」が指定する総合病院に行って治療や検査を受けることになる。指定された病院では、医療保険が使えるが、「単位」が指定する以外の病院では、医療保険を利用できなかった。日本ではどの病院で診察や治療を受けても健康保険が使えるが、中国では「単位」が指定する医療機関だけでしか医療保険を使うことができない。つまり医療保険のサービスを受けるためには、どこかの「単位」に所属していなければならないのである。このように、医療保険と年金とをあわせて考えると、「単位」は社会保障体系の中心であった。

　さらに「単位」は、そこで働く労働者や幹部に様々なサービスを提供する。「単位」が提供するサービスのなかでも、重要なのは住宅である。「単位」は従業員に対して、地位に応じて住宅を割り当てる。従業員とその

家族は、その割り当てられた住宅で生活する。これを逆にいうと、「単位」に所属していなければ、住む住宅がないということである。

その他に、「単位」は日常品の販売、託児、就職のあっせん、就学などのサービスを提供する。すなわち、日常生活品を販売して労働者の生活の便宜を図ったり、託児所を設けて留守家庭の乳幼児や児童の養育を行ったりする。従業員の子供がその同じ「単位」に就職することも稀ではない。

大きな「単位」では、小中高等学校などの学校をもち、図書館や体育館なども備え、さらに映画館などの娯楽施設も経営する。そのほかにも、社会的治安の維持、民事紛争の調停、計画出産（「一人っ子政策」に基づく）の実施と監視、公衆衛生の管理など、様々な社会管理的機能も「単位」が担当していた。陳立行が取り上げている長春の第一自動車の例を、一つの例として紹介しよう。中国東北地方吉林省長春市にある長春第一自動車は、中国国内大手の自動車会社であるが、工場の敷地面積は1,406ヘクタール、工場の従業員とその家族は約12万人である。敷地内には、従業員のすべての生活面での施設が整備されている。幼稚園が25カ所、小学校が6校、中学校が6校、高等学校が2校、専門学校、自動車工業大学と夜間大学がそれぞれ1校ある。映画館、公民館、児童館、公園図書館、体育館、テレビ放送局、職業訓練センターもある。医療施設としては、19カ所の保健センターと、665のベッドをもつ総合病院がある。治安のために、会社は公安局をもち、その下に派出所もある（陳立行 1994：69）。

「単位」の特質としてもうひとつ指摘しておかなければならないのは、「単位」が行政制度および国民の政治的組織化の制度の側面をもっていることである。「もっている」と表現し、「もっていた」と表記しないのは、「単位」の行政制度および国民の政治的組織化の制度としての側面が、市場経済化が進む現在においても基本的にあまり変化していないように思われるからである。経済学・経営学の研究においてこの点について指摘されることは少ないが、社会学的には重要であるので、この側面について

は得に注意を促しておきたい[4]。

第3節　「コミュニティ」としての国有企業

　国有企業に所属する側から見ると、上述したような「単位」は完結した一種の「コミュニティ」であった。労働者は「単位」から放逐されたらその生活が根本から成り立たない。都市に暮らす中国人にとってまず大切なことは、どこかの「単位」に所属していることであった。どの「単位」に属するか、あるいはその「単位」のなかでどの地位にあるかも重要ではあるが、それも「単位」に所属してから後の問題である。「単位」に所属しなければ、生活は成り立たず、社会的アイデンティティを得ることもできない。逆に「単位」に所属さえすれば、生活は文字どおりの意味で「死ぬまで」保障されたのである。もしも所属する「単位」が国有企業だったならば、生活の保障は最低水準ではなく、平均以上の水準が期待できた。

　すでに述べたように、計画経済体制下において、典型的な「単位」としての国有企業は、中国経済の屋台骨であり、そこで働く労働者は優遇された。国有企業はかなり重い福利厚生負担を国家から負わされてきた。国有企業被雇用者の特典は、国有企業での雇用を条件とするものであり、そうした経費はこれまで常に手厚かった。国家所有の国有企業には、健康保険、傷害保険、死亡給付、年金など社会福利厚生給付について、国家行政が定めた基準に基づく統一的規則が適用された。そして、上に述べたように、「単位」として国有企業は、雇用者に対し、住宅、給食、保育園、診療所、病院、そして、時には小学校や高等学校まで運営し、労働者に対して様々なサービスを支給する責任をもたされた。

　この結果として、国有企業と労働者の間には、一種独特の関係が形成された。企業の側から見れば、企業は労働者に対して無限に近い責任を負っているし、逆に労働者の側から見れば、労働者は企業に対して生存を全面的に依存している。このような状態のもとでは、個人と社会の関

係は、基本的に労働者個人と国有企業の関係に還元されうるといえるだろう。

　国有企業と労働者のこのような関係の特殊性は、企業が労働者に課す退出コストがきわめて高くついていたことのなかに示されていた。自発的意志によって、労働者は国有企業から退出することは、ほとんど不可能だった。もしも、国有企業を管理する政府の計画担当者の許可がなければ、労働者個人の自発的退出は、職業上の地位を失うということを意味するだけでなく、基本的な生活条件をも失うということを意味した。たとえ政府の担当者が同意したとしても、労働者が「単位」を移動するためには、移動前の「単位」と移動後の「単位」の間で、様々な調整が必要であった。たとえば、移った先の「単位」に、移る前の「単位」で占めていた職業的地位と同等の地位があるかどうか。また、同等の住宅があるかどうか。社会保障や社会福祉も「連合喚位」（日本語に訳すと、「等価交換」の意味である）ができるかどうか。このなかの一つでも要求を満たすことができない項目があれば、「単位」と「単位」の間の調整はうまくいかず、その結果、労働者の移動は実現しなかったのである。

　このように、社会主義計画経済体制のもとでの国有企業は、生産機能、社会保障機能、生活支援機能、社会管理機能など、生活のあらゆる側面をカバーする包括的機能をもち、強い共同意識が存在する一種の「コミュニティ」であった（劉世錦 1996：111-112）[5]。

　包括機能をもつ「コミュニティ」そのものは、それほど珍しい現象ではない。近代以前の農業型社会において農村共同体は多かれ少なかれコミュニティとしての性質を普遍的にもっている。中国においても、伝統的な自給自足的自然経済下においても、それと類似した「コミュニティ」が存在した。しかし、それらの「コミュニティ」は、農業と手工業を主要な産業とし、原則として、狭い範囲内で自給自足的に経済が運営されており、生産と社会が基本的に未分化であった。市場経済体制下における企業のような、生産機能に特化した組織は存在しなかった。

それに対して、中国の国有企業の場合は、機械制大工業を産業的な基礎として、その上に構築された「コミュニティ」である。もちろん、経済の範囲は空間的に狭く限定されていない。それは典型的な国有企業が、鉄鋼、石炭、石油、鉄道、電力等の、いわゆる基幹的、あるいはインフラ的産業であったことを想起すれば十分であろう。「単位」は、工業化が展開し、社会的分業が発達した段階において、言い換えると産業社会(industrial society)の段階において、工業化の発達の最前線に成立した「コミュニティ」だったといえよう。まさに中国の特色ある社会主義が生み出した制度だったのである。

第4節　国有企業形成の歴史的経緯

　これまで見てきたように、「単位」としての国有企業は、計画経済体制期の中国において最も社会主義的な存在だったのであるが、振り返ってみると、国有企業は中国が新たに社会主義国家としての歩みを始めた当初から存在していたわけではない。つまり「コミュニティ」としての国有企業は自然発生的に生成したものではなく、1949年の中華人民共和国の成立後に徐々に形成されていくのである。なぜ国有企業が包括的機能をもった社会組織としての性格をもつに至ったのかを理解するためには、社会主義計画経済体制において国有企業がどのように形成されてきたかという歴史的背景を見ておく必要がある。歴史の理解なくして、国有企業の性質を理解することは困難だと思われるからである。

　そこでこの節では国有企業の成立の歴史を振り返っておくことにしたい。もっとも中国の社会主義計画経済形成の歴史は、それ自体として研究のテーマとなりうる大きな問題であるので、ここでは中国の計画経済体制がどのような経緯をたどって形成され、そのなかで「単位」としての国有企業がどのように形成されたにしぼって、簡単に振り返っておきたい。

社会主義成立以前の中国においては、資本主義が一定の発展を遂げており、外国資本や民族資本によって設立された資本主義的企業が多数存立していた。たとえば、日中戦争以前、国際都市としてアジア経済の要の位置を占めていたのは上海であった。共産党政権の登場によって、少なからぬ資本が台湾と香港に逃避したとはいっても、社会主義がスタートした段階では、中国には資本主義的企業が残存していたのである。

　1949年の中華人民共和国の建国以降の数年間は、戦争と内戦によって疲弊した国民経済を回復させる時期である。この時期には、依然として公有制企業、個人企業など多様な所有形態の企業が存在していた。凌星光が述べているように、この時期の中国経済は、「公的部門と民間部門による混合経済」（凌星光 1996：19）であった。資本主義的要素の存在が許容されていたといってよい[6]。

　しかし、経済が回復するにつれて、1950年代の初期に社会主義の建設が開始される。その際にモデルとなったのはスターリン主義に基づくソ連型経済モデルであった（凌 1996：23）。そのモデルは、①重工業を優先的に発展させること、②公的所有制度の基礎の上で高度に集中した計画経済を実行すること、以上二つの特徴を有していた。1917年に社会主義革命を成功させたロシアは、1920年代から30年代にかけて重工業化と農業の集団化を推進した。その結果、ソ連経済は成長することになったが、同じ時期の資本主義諸国が大恐慌によって経済的に混乱していたこともあって、ソ連の経験は高く評価され、社会主義国家のいわばお手本となった。このように社会主義建設の先進国であるソ連がすぐそばにあり、他方で独立を維持し、中華民国からの反転攻勢に備えることが第一優先課題であった当時の状況においては、社会主義国家の建設を目指す中国がソ連型モデルを採用したのは、ある意味で「自然な」選択だったと思われる。ソ連の援助によって1953年に第一次五カ年計画が始まる。それは同時にソ連型経済モデルの導入の開始をも意味していた。

　実はこの時期、社会主義国家の建設を目指す中国の眼前には、ソ連型

モデルだけでなく、チトー型モデルも存在していた。とくに記述したように経済回復期(1949年〜1953年頃)に中国経済が混合経済だったこともあって、当時、中国がソ連型社会主義とは異なる道をたどると予想する西側諸国の見方もあった。しかし歴史的事実としてはソ連型が採用された。その理由は、第一に毛沢東をはじめとする指導者層に社会主義経済イコール計画経済だという観念が強かったこと、第二にソ連の経済援助、第三に朝鮮戦争を契機とする西側諸国離れ、が指摘されている(凌 1996：27)。

　企業の国有化を推進した理由を当時の共産党指導層の思想的動機に求める見解以外に、重工業化優先政策を採用した中国政府がなぜ企業を国有化する必要があったかを経済学的に説明する見方もある。それについては林毅夫らの説が説得的である。林らによれば、中華人民共和国建国直後の中国経済は、非常に遅れた経済水準と非合理的な経済構造がその特徴だった。したがって中国共産党の最優先課題は、遅れた経済構造をいかに改善するかということであり、そのために重工業優先発展戦略を選択した。ところが重工業は資本集約度の高い産業であり、市場メカニズムに基づいて資源配分が行われれば、投資を重工業に誘導できず、むしろ軽工業を中心とする工業化をもたらしてしまう。重工業優先の発展戦略にあわせて資源を動員するためには、市場メカニズムではなく、政府の直接的統制によらねばならない。そして企業の生産剰余を最大限にコントロールし、国家戦略目標の求める投資方向に使用するためには、企業を国有化するのが最も合理的な選択であった(林毅夫・蔡昉・李周 1999：16-22)[7]。

　さて、このように50年代初期にソ連型経済モデルに従って社会主義の建設が一歩一歩進められ、工業、そのなかでも重工業とそれが立地する都市には優先的地位が与えられていくのだが、その社会主義国家建設の過程において、ソ連型モデルは中国の実情にあわせて修正されることになる。言い換えれば、ソ連型モデルに忠実に社会主義国家が建設された

のではなく、中国社会が有する特有の条件にあわせて修正が加えられた。その修正の内容とは、生産を直接管理するシステムをとらず、国有企業を介して生産を管理するシステムを採用したことである。政府は国有企業に生産とそれに付随する様々な事柄を管理させ、同時に国有企業に対して優先的な地位を与えた。後者を具体的にいえば、国有化した大型・中型企業の労働者に対して、当時の条件としては最も手厚い社会保障と社会福祉を提供したのである。「単位」としての国有企業の起源はそこにある。

ではなぜ国有企業とその労働者に高い水準の社会保障と社会福祉を与えたのだろうか。言い換えれば、「企業が社会を運営する」方式を採用して、「政府が社会を運営する」方式を採用しなかったのはなぜなのだろうか。

第一に考えられるのは経済的要因である。当時の中国がおかれた経済的に逼迫した状況に理由の一端があったのではないかと思われる。つまり、もしも当時政府が企業の日常生産活動に直接介入する方式をとっていたとしたら、政府機構が膨張する結果を生み、社会主義政権の成立から間もない政府は、その負担に耐え切れなかっただろう。他方で、政府が生産を管理するシステムを構築することは、重工業化優先政策を採用する政府にとって最重要課題であった。政府が生産を管理するためには、企業に社会的機能を与えて、企業を媒介して生産を管理するというシステムを構築する道をとらざるをえなかったと考えられるのである。

「企業が社会を運営する」方式をなぜ採用したかについて、経済的要因以外の要因を重視する見方もある。たとえば劉建軍は、資源制約下において近代化を遂行するためには、生産単位に機能を集中させることによって、社会構造を改造し、政府（＝共産党）がより統治しやすい構造を構築することが必要だったという説明を加えている（劉建軍 2000：54-57）。これは政治的要因を強調する見方である。また周翼虎・楊暁民は、毛沢東の集団主義原則と平等原則に「単位」の起源を見ている。社会を近代化

させ、高度な生産力を構築しながら、同時に社会を平等にするという社会主義の目標を実現するためには、給料は低いが、高水準の福祉と社会保障をもった「単位」に労働者を集団化することが、当時としては最適の選択だったことを指摘している(周翼虎・楊暁民 2000：96-104)。

それぞれの説明の妥当性を検討することはこの節の課題ではないので、その問題に深入りすることは避ける。いずれにせよ「コミュニティ」としての国有企業が社会主義計画経済体制の建設の過程において作り出された制度であることをここでは確認しておきたい。

さて、以上見てきたように、改革開放政策が実施される以前、社会主義計画経済の枠組みのもとで、国有企業は「コミュニティ」として形成され、政府によって強力に統制管理されていた。次に、政府と国有企業の関係が、どのような原則に基づいていたかについて、より詳しく見ておくことにしたい。

第5節　計画経済体制下での企業・政府間関係と産権

計画経済体制下において、国有企業と政府は一元的な「命令―従属」関係にあった。それは「政企不分」ということばによって表現される。「政企不分」というのは、文字どおりには政府と企業が一体であるという意味である。

上原一慶によれば、生産活動の局面において、国有企業と国家と政府との関係は、「五統」と呼ばれる状態におかれていた。「五統」とは以下のような内容である。すなわち、第一に、生産計画は国家が統一的に下達する。第二に、資材は国家が統一的に調達・配分する。第三に、労働力は国家が統一的に配分する。賃金も国家が統一的に規定する。第四に、企業が生産する製品は、国家が統一的に買い付け、一手に販売する。第五に、利潤はすべて国家に上納する。企業が必要とする資金は、国家が統一的に支給する(上原一慶 1987：125)。

つまり、生産に関しては、生産量、生産額、品質等が国家から指令され、必要な原材料や資材は国家の物資計画に基づいて国家によって配分され、必要な資金も国家の資金計画に基づいて配分され、さらに生産された製品は国家を通して販売され、そこから得られた利潤は国家に上納された。それだけでなく、国有企業の労働者は国家の労働計画に基づいて、「幹部」の場合は人事部を通して、「工人」の場合は労働部を通して採用・配分された。国有企業の総責任者である工場長はその企業を管轄する上級の行政主管当局から任命された。

以上を集約して述べれば、企業が政府から独立した経営自主権をもつことを許されていなかったということである。企業に経営の自主性がなかっただけではない。労働者の側から見ても、計画経済体制下では、基本的に労働者に職業選択の自由は与えられていなかった。たとえば大学を卒業した新規学卒者にも、就職先を自由に選択する権利は与えられておらず、行政機関が統一的に手配・配分していたのである。企業は行政機関の一種の付属物であったといえる。国有企業は行政の末端の単なる生産・販売点にすぎなかった。

このような「政企不分」の原則のもとにおいて、国有企業の産権はどのような特徴をもっていたといえるだろうか。言い換えれば、計画経済体制時代における産権とは何を意味していたのだろうか。

一言でいえば、計画経済体制において「法人財産権」の考え方はなかった。第2章で触れるように、改革開放政策が始まって以後も、1990年代に入って産権改革が国有企業の改革の主要な課題になるまで、「法人財産権」の考え方はなかった。個々の国有企業が自分自身が保有する土地や機械設備や運転資金などの「財産」に対して固有の権利を有しているとはみなされていなかったのである。

では国有企業が保有する土地や機械設備などの「財産」の権利は誰が所有していたのかというと、それは「国家」であった。まさに「国有」企業という名称が指し示しているように、「国家」という単一の主体が全国の国

有企業が保有するすべての財産に対する権利を集中的に所有していた。

したがって、「伝統的」な国有企業の産権の特徴は、以下のようにまとめられる。第一に産権は国家に集中・統一されている。国家は産権の唯一の主体である。国有資産の所有権と経営権は不可分であり、企業経営の主体もまた国家である。国有企業は政府に属する基層の生産単位であって、独立した経済主体ではない。第二に実際の産権の主体は行政機関である。国家の国有企業に対する行政管理と経営管理は重なりあっている。国有企業の生産目標は行政の指導によって設定される。したがって国有企業は利潤の最大化を唯一の目標にすることができない。逆に国有企業は政府に対して政策的・資金的保護を要求する権利をもっている。それは国有企業の政府に対する依存体質を形成する原因となった。第三に産権の運営が市場によるコントロールを受けない。計画経済体制下においては、行政手段を用いて産権の行使がなされるので、国有企業は市場の需要を考慮する必要がない。国有企業の生産活動に対して市場メカニズムが働かないことは、国有資産の有効活用が阻まれ、産業構造の調整に困難をきたす結果を生んだ。第四に剰余利益を取得する権利が国家に属す。国有企業は自らの生産活動によって剰余利益を生み出したとしても、それを直接取得する権利を有していない。剰余利益はすべて国家に吸い上げられ、国家の再分配を通して剰余利益の一部分を取得するにすぎない。それによって企業の生産活動に対するインセンティブが失われることになった。第五に産権の唯一の主体である国家は国有企業に対して無限責任を負う。国家は社会的安定と社会保障の責任を負っている。その意味で投資した分だけの有限責任を負うにすぎない一般の投資者と国家を同じように見ることはできない。企業が損失を出しても、労働者の生活を保障し、社会的安定を維持する責任を有しているがために、国家は損失を補填する。それは放漫経営の温床となった(楊艶琳・陳銀娥・宋才発 2000：83-84)。

このような産権構造のもとで、「伝統的」な国有企業の生産活動は「三つ

の欠如」によって特徴づけられる(周紹朋・丁徳章・許正中編2001：16)。まず「利益」の概念が欠如していた。政府から数値で与えられる生産目標を達成することが企業経営の目的であり、「利益」は無視された。「利益」に無頓着であることは、「損失」を問題視しないことでもある。損失を出しても、そのことが問題であるという認識が生まれないために、損失の累積に歯止めがかからない結果をもたらした。

次に「市場」の概念が欠如していた。国有企業が生産した完成品は倉庫に入れられ、価値が計算される。しかしそこでの価値は市場の評価ではなく、政府から与えられた目標に照らして評価される。それが市場の需要をどれだけ満たしているかどうかに関係なく、行政的に価値が決められるのである。そのために、往々にして大量の在庫を抱え、資金の流通が阻害される結果を招くことになった。

最後に「品質」と「品種」の概念が欠如していた。市場の需要を無視して生産が行われることは、消費者の評価を無視した生産が行われるということである。市場の需要に応えようとするからこそ、品質向上と品種の充実へのインセンティブが生じる。国有企業が生産活動を行うにあたって、品質の向上と品種の充実は顧みられなかった。それは、低品質の画一的な製品の横行を招く結果をもたらした。

さて、これまで述べたように、「伝統的」な国有企業は国家に産権が一元的に集中するという構造をもっていたので、産権に関して曖昧な点は存在しない印象を受けるかもしれない。しかし事実はそれとは逆に、実際の運用の局面においては曖昧さの生じる余地が存在していた。

たとえば、国有企業の所有者である政府と経営者との間で、企業の資産の所有権や経営権、および利潤の分配権等について、それぞれがどこからどこまでの権利をもつかに関して曖昧であるという性格が生じることになった。後で述べるように、そうだからこそ国有企業の改革のなかで、国有企業の財産に対する権利に関しては、国有企業に経営の自主権を与える目的のために、国家と経営者の権利関係を明確に規定する政策

が採用されることになるのである。

　また国有企業の資産の所有権に関連して補足しておくと、中央政府と地方政府の間での権利関係についても、曖昧さがつきまとっていた。全人民所有制の国有企業の資産は、法的には国民全体が所有していることになる。この所有形態によって、省、市、県など各レベルの地方政府に国有資産の支配権と残余請求権が委譲されていたとしても、中央政府は、支配権と残余請求権の再配分を行う法的権限を与えられている。

　実際、地方政府が中央政府に対して、国有企業の所有権を地方に完全に移譲するよう求める動きはあった。たとえば、1993年、広東省は中央政府に対して地方政府管轄下にある国有企業資産について、地方所有権を要求するロビー活動を行った。しかし、結局、その活動は成功しなかった。1993年11月の社会主義市場経済設立に関する党の文書で、統一的国家所有権が再確認されたが、それを再確認しなければならないほど、国有企業の所有関係に関しては、一義的な社会的了解がなかったといえよう。

第6節　全面的社会改革としての国有企業改革

　最後に、国有企業の改革の困難性について論じる。以上見てきたように、改革前の国有企業の生産活動は国家行政によって強力な管理統制を受けていた。国有企業に経営自主権はなく、国家行政組織の末端の一機関にすぎなかった。また国有企業は、生活面において労働者に広範囲にわたる社会保障・社会福祉・社会保険・社会的サービスを提供した。国有企業は、生産機能だけでなく、多くの社会的機能を抱えた一種の「コミュニティ」であった。

　労働者の側から見れば、国有企業に勤めることは、社会的な安定を得られることを意味した。失業の心配もなく、文字どおり死ぬまでの間、様々な保障も享受できるからである。したがって、「コミュニティ」とし

ての国有企業は、企業組織内の安定を作り出したにとどまらず、実は中国の都市社会における社会秩序を安定させるための巨大な装置としても機能していたと考えることができる。国有企業なしに、都市社会の社会的安定はなかったと考えられる。

別の角度から見れば、都市社会において社会階層間の格差の拡大を防いでいたのは、国有企業であったといえる。中国の都市社会における社会階層は、国家が定めた職員ランクと賃金表によって形成されている。すべての人民は、国家によってどこかの職員ランクに位置づけられ、それに対応した賃金を支払われる。これは一種の「身分制」であるといえる。同じランクに所属する者はどこの国有企業に所属していても、同じ賃金である。ランク間で賃金の差はあるが、その他の社会保障に関しては、同じ国有企業に属する者の間では、基本的に差はない。つまり、国有企業は、「身分制」が固定していた賃金の差を、和らげる効果をもたらしていたのである。さらに、失業が原則としてないために、言い換えると、解雇の心配がないために、貧困階層に転落する労働者もいない。国有企業は、中国の都市社会の階層構造の安定化に寄与していたわけである。

では、このような特徴をもつ国有企業を改革することは、どのような意味をもつだろうか。それは、国有企業が包括的な組織だったために、国有企業改革は包括的な改革にならざるをえない、ということである。国有企業の改革は単なる経済改革だけでなく、行政改革、政治改革までも包括する全面的な社会改革にならざるをえない。そして、だからこそ改革の遂行がきわめて困難にならざるをえない。

改革の困難さの由来は多様である。まず国有企業の改革そのものを社会主義という原則からの逸脱であるという反改革派（＝保守派）の批判がある。それは共産党内部の路線闘争とそれに基づく権力闘争を巻き起こす。改革開放政策の歴史は、改革開放政策のその時々の政策の是非をめぐる路線闘争と権力闘争の歴史でもあった。第二に改革によって現実的に既得権益を脅かされる社会層の抵抗がある。具体的には、国有企業を

管轄する政府主管部門であり、国有企業に所属することによって生活を保障されている従業員である。既述のごとく中国の都市社会は「単位」社会であり、都市住民のほとんど全員が国有企業に所属することによってなんらかの恩恵を受けている。第三に改革が引き起こしかねない社会的不安定に対する政府の懸念である。改革開放政策の歴史は、改革のスピードを速めたり、進めたり、ある場合には逆行したりする歴史であった[8]。

それだけの抵抗にあったとしても、国有企業を改革するためには、どういう課題に取り組まなければならないだろうか。

まず政府と企業の関係を改革することが必要になる。それは二つの課題を伴う。一つは政府が生産計画を作成して、それを個別の国有企業に指令するのではなく、国有企業に経営自主権を与えて独立した経営主体に転換させなければならない。これは国有企業の経営への介入をやめるということであり、言い換えれば政府が国有企業の「所有者」としての位置に退かなければならないということである。このことは政府の側の自己改革、すなわち行政改革を不可避にする。これまでの業務内容が大幅に変わらざるをえないのであるから、人員の再配置、専門知識の再教育等を含んだ広範な行政機構内部の改革が必要である[9]。

もう一つの課題は、企業の側の課題であり、政府から独立した経済主体として、経営資源の効率的な利用によって利益を産み出し、資産を増加する組織になることが必要である。

後者に関わって、別の課題が持ち上がる。それは企業と労働者の関係を改革することが必要だということである。企業が「終身雇用」を保障する組織であることをやめ、市場にあわせて機動的に雇用を調整する組織にならなければならない。それは必然的に失業やレイオフを生み出す。国有企業は労働者の生活をいわば「丸ごと」面倒を見る組織ではありえず、労働者にとって雇用をかけて他の労働者と競争する場になる。そこには「単位」時代に形成されていた仲間意識は存在しえなくなる。

国有企業が利益を生み出す企業に変身するためには、「単位」として抱

えていた社会福祉、社会保障、社会的サービス提供の諸機能を外部化することが必要になる。当然、そのための受け皿を社会的に整備しなければならない。医療保険、退職後の年金などを制度として整備することが必要である。また失業に備えて失業保険や最低生活保障も制度的に整備しなければならない。また「単位」が有していた小売り、娯楽、教育など様々な機能も外部化する必要がある。サービス産業の育成、地域住民組織の活性化を通したコミュニティ・サービスの提供などが課題となる[10]。

政治的組織としての「単位」のあり方も変更を迫られる。つまり党が企業経営に介入することをやめなければならない。それに伴って、党と企業の関係についての新しいあり方を構想する必要がある[11]。

最後に意識改革である。企業経営者、労働者、政府主管部門の官僚など、国有企業に関わるすべての関係者の意識を変えることが必要である。

[注]
1 中国の企業は通常その所有形態によって以下のようなカテゴリーに分類される。①国有経済(以前の全人民所有制あるいは国営)企業:生産手段は国有。中央と地方の各政府機関、軍隊、人民団体、およびそれらの管轄下にある国有企業・事業体を指す。②集団(集体)経済企業:生産手段は当該集団に所属する労働者の共有。独立採算制であり経営管理上、かなり大きな自主性と融通性をもっている。③私営経済企業:生産手段を公民(中国人)の私人が所有し、労働力雇用を行う経済類型。④個人(個体)経済企業:遊休労働力・失業者などが自己資金で創業し、工商行政管理局の認可を経て「営業許可証」を受け取った工業、手工業、運輸、飲食、サービス等に従事する個人経営形態を指す。⑤その他(上記以外のもの):共同経営(国有・集団所有共同経営、国有・私有共同経営、集団所有・私有共同経営)、株式制企業、外商投資企業(中外合弁、中外合作、外資企業)、香港・マカオ・台湾投資企業(大陸との合弁、合作および独資)、その他。
2 日常会話で、「どこにおつとめですか」を聞くときに、「あなたはどの単位ですか」と聞く(小島麗逸 1997:159-160)。
3 このように、従来中国では「単位」があくまでも年金を支払う主体であった。個々の「単位」とは別に制度的に年金の基金を積み立て、時期がくれば年金を労働者に支払うというシステムではなかった。したがって「単位」が

なくなれば、年金を払う主体がなくなる。この点において、勤めている企業が倒産しても、年金の支給までもがなくなるわけではない日本の企業とは異なっている。事実、1990年代半ば以降、国有企業の倒産に伴って年金を支給する「単位」が消滅し、退職後の生活を経済的に支えられなくなっている高齢者世帯が増加するといった社会問題が生じた。とくに生産性の低い国有企業を多く抱える東北地方において深刻な社会問題となった。

4　この点に触れた数少ない研究として、趙宏偉(1998)。また山本恒人は「単位」を都市における国民統合の装置であり、統合への満足感を高めるシステムだと捉える視点を提出している(山本恒人 1994)。

5　「単位」が、生産・生活に関する包括的機能をもっていることを指して、川井伸一はそれを「ワンセット主義」と呼んでいる(川井伸一 1996：2)また小島麗逸はそれを「単位主義」と表現している(小島 1997：159-161)。

6　この資本主義的要素の許容は、毛沢東の方針に基づいていた(凌 1996：10)。

7　この視点は、経済学者の通説といってよい。たとえば樊鋼(2003)を参照。

8　このような困難のために、改革開放政策は漸進主義的な性格をもつことになった。言い換えれば、改革を一挙に進めるという急進的アプローチをとらなかった。その点で、同じく計画経済体制から市場経済への移行という改革を行った旧ソ連とは異なっている。一挙に市場経済への移行を進めた旧ソ連の改革手法は、「ビッグ・バン」アプローチとも呼ばれている。中国の改革開放政策全体がもっている漸進主義的な手法については、第2章第3節で論じる。

9　行政改革は、朱鎔基が首相に就任したあと、官僚の抵抗を排して実行された。

10　「単位」社会の解体につれて、「地域」が意味のある社会的単位になるという指摘については、黒田由彦(2000)を参照。

11　国有企業を含む「単位」が改革開放政策によって変化するとき、共産党との関係がどのように変化していくかは、政治社会学的に興味深いテーマである。次章以下で述べるような改革によって、「単位」から包括的機能が失われていくと、「単位」に代わる統治の基層組織を形成せざるをえなくなると指摘するのが劉求實・橋爪大三郎(2002)である。

第2章　国有企業改革における産権改革の位置

はじめに

　本章の課題は、国有企業の産権改革が1990年代後半に始まったことの意味について考察することである。本書の冒頭で述べたように、中国における国有企業の改革は改革開放政策とともに始まるので、すでに20数年の歴史がある。しかし改革開放政策のなかで国有企業改革の重要性が高まったのは90年代に入ってからである。そして90年代半ば以降、産権改革が国有企業の改革の焦点になる。

　この章では、まず改革開放政策がどのように始まり、どのような経過をたどったかについて振り返る。そして改革開放政策の歴史のなかに国有企業の改革を位置づける。産権改革がどのような経緯で国有企業改革の焦点になったのかを跡づけ、1990年代後半以降に本格化する産権改革の意味を考察する。

第1節　改革開放政策の始動と農村改革

　いうまでもなく、国有企業の改革はそれ単独で起こった現象ではなく、中国の改革開放政策の様々な改革の試みの一環として進められたものである。そこで改革開放政策の歴史を概観し、そのなかで国有企業の改革

がどのように位置づけられるかについて見ておきたい[1]。

1958年から1978年まで、大躍進運動と文化大革命の時期を通じて、中国経済は停滞し、その間発展を遂げた西側諸国との経済格差は大きく拡大した。1976年に毛沢東が死去すると、鄧小平をはじめとする共産党内の改革派は、毛沢東路線からの大転換を図る。改革開放路線への転換の画期となったのは、1978年12月の中共第11期三中全会である。そこにおいて経済建設を最重要課題とする方針が決定され、国有企業の改革を含む一連の経済体制改革の方向性が打ち出された。そして対外的な閉鎖をやめ、対外開放政策を採用する姿勢が示された[2]。

この時期最も重要な課題であったのは、人民公社制度下の集権的システムのために停滞していた農業の立て直しである[3]。このために、第11期三中全会では、第一に農業生産組織を変更すること、第二に国家が農民から統一的に買い付ける農作物の品目と数量を少なくし、買い付け価格も引き上げること、この二つの方針が決定された。この方針に沿って、農業生産の経営単位を人民公社から農家に移し、増産意欲を刺激するために、「各戸生産請負制」が普及する。

この各戸生産請負制の普及は、政府の指導によって、上から整然と推し進められたものではなかった。1977年に鄧小平のバックアップを得た安徽省党幹部が一部の地区に導入したのが最初である[4]。その政策は、農民の生産意欲を高めるものであったので、とりわけ貧困な山間部や僻地の農民からの支持を得た。他方、四川省においても、後に首相になる趙紫陽が農家自留地の拡大や農民家庭副業への支援の試みを行った。その政策は農民の生産意欲を刺激し、四川省の農業生産高の急増をもたらした。

しかし、1980年当時、人民公社の否定につながる上のような各戸生産請負制の試みに対しては、公有制という社会主義の原則に反するものという理由で、指導部のなかに反対する動きがあった。しかし、中央の指導部のなかに存在する反対にもかかわらず、全国各地の農村幹部および

農民の各戸生産請負制に対する関心はきわめて高く、安徽省と四川省以外の農村においても、各戸生産請負制を導入する実験的な試みが自発的に起こった。

それを受けて、1981年12月の「全国農村工作会議」において、鄧小平は生産請負制の試みを評価する談話を発表し、翌1982年12月の党中央の「当面の農村経済政策についての若干の問題」で各戸生産請負制の普及を積極的に推進することが決定された（王曙光 1996：59-65）。

その結果、80年代前半、各戸生産請負制は急速に普及し、その背後で人民公社の解体が進む。そして1984年末までに97％以上の人民公社が解体することになった。各戸生産請負制が急速に普及するにつれて、農業集団化のもとで閉じ込められていた農家のエネルギーが一気に開放され、その結果、農業生産力はめざましく回復した。1984年の食料生産は、史上最高の4億トンに達した。

このように改革開放政策は農村改革から始まった。そして少なくとも1980年代前半までの農村改革は大きな成功を収めた。陳錫文によれば、農村経済体制の改革は、中国の経済体制改革全体のなかで最も成功した部分だと常に賞賛されてきた。その意義は、第一に農村改革が中国の経済体制改革全体の突破口になったこと、第二に農村改革が食料供給不足を解消したという点で直接的な生活改善を中国社会にもたらしたこと、第三に農村改革の成功が伝統的な計画経済的思考の転換にあたって大きな啓蒙的役割を果たしたことである（陳錫文 1997：33-34）。

とくにこの第三の点については、国有企業改革とも関連するので、注意を喚起しておく。農村改革の実践が生み出した改革手法としては、請負制、経営主体の自主権、公有制を主体としながら多様な経済構成要素を共存させる方式などがあるが、それらは国有企業改革にも導入されていく。そして「市場志向の改革をつねに堅持している」（陳 1997：35-36）と総括される農村改革の基本的方向性は、国有企業改革にあたっての主導理念となるのである[5]。

第2節　郷鎮企業の発展と外資導入

　農業改革の成功の結果、農村と農民に余剰が生まれた。この余剰をもとにして、改革開放政策は次の局面に入る。その主役の一つは郷鎮企業である。郷鎮企業とは、農村内に立地する企業を意味する。

　郷鎮企業の起源は、1950年代にまでさかのぼることができる。人民公社化の過程で、その一元化した集団組織のなかに、農村工業、商業、サービス業などの企業が生まれ、それらは社隊企業と呼ばれた。それが郷鎮企業の原型である。1958年の大躍進運動のもとで、社隊企業の数は全国で約260万に上った。文化大革命のなかでその発展は一時衰退し、企業数は約101万にまで減少する（古澤賢治 1993：104）。文化大革命が沈静化する1970年代に入ると再び発展を始め、改革開放政策実施直前の1978年当時、全国の社隊企業の数は約140万、従業員数は約2,800万人、総生産額は約740億元に達した。その総生産額は全国工業総生産額の約12％に相当した（王 1996：120-121）。

　改革開放政策が開始されると、社隊企業は新たな発展の段階に入る。農村での生産請負制の導入がもたらした人民公社の解体と農業における生産性の向上によって、一方で事業活動の原資となる余剰が生まれ、他方で過剰労働力が急増した。その二つの条件によって、社隊企業は大きく発展することになった。1984年には社隊企業から郷鎮企業と名称を変更する。その発展の速さには、鄧小平が「異軍突起」（これまでとは異なった新しい勢力が現れること）という言葉を使って驚きと喜びをあらわしたほどであった（渡辺利夫 1994：88）。

　郷鎮企業には、工業の他に、商業、建設業、運輸業などもあるが、その中心は工業である。郷鎮工業について、全国の工業生産額に占める郷鎮企業の生産額の比率は、1985年に17.7％であるが、1992年には32.5％と増加している。ちなみに、この同じ時期に国有企業は、64.9％から48.1％へ低下している。労働力者数で見ると、郷鎮企業の労働者数は、

1985年に4,136万人であったが、1992年には約2,200万人増加して、6,336万人となっている。同時期に国有企業は、4,229万人から4,521万人と、わずか292万人の増加にとどまっているにすぎない（渡辺1994：92）。

　郷鎮企業の社会的意義は、労働集約型産業を農村に立地させることによって、農村の過剰労働力を吸収し、農村の社会的安定に貢献したことがあげられるが、それだけではない。より重要なことは、それが市場経済志向型の企業であったという点にある。郷鎮企業の経営主体は、郷政府、鎮政府、複数の農民の連合、農民個人などである。それらは非国有であり、郷鎮企業は、損益自己責任制によって経営された。そこには、政府の規制がほとんどなく、市場原理が作用した。

　そのことは、改革開放政策以前と比較すると対照的であった。社隊企業と呼ばれていた時期においては、政府の指導のもと、農民は重化学工業建設の一端を担わされており、自己の経済的利益を追求することは、許されていなかった。それに対して、改革開放政策以後の農業政策の転換によって、農民が自己の経済的利益を目的として事業活動を営むことが可能となったのである。他方、労働力の移動を厳格に制限する政策を緩和し、農村のなかの小さな都市である「小城鎮」への移動を、郷鎮企業に従事することを条件として認めた[6]。その結果、農業改革の過程で農村に蓄積された余剰資本と流動化した過剰労働力が結合することによって、郷鎮企業は急速に発達したのである。上に述べたように、1980年代後半以降、郷鎮企業は中国経済の重要な一構成要素となった。別の角度からいえば、農村における非農業部門において、郷鎮企業を主役として、市場経済化が急速に進行したわけである[7]。

　さて、農村の改革と郷鎮企業の発展と並ぶ、もう一つの改革開放政策の柱は、地方への権限の移譲（「放権譲利」と呼ぶ）と対外開放政策である。第11期三中全会で決定された方針に従って、すでに1979年に広東省と福建省は、経済計画の立案・施行における自主裁量権を中央政府から認められ、また中央に上納する財政資金と外貨に関しては、その額を一定期

間据え置くという定額請負制の導入が許された。さらに、1980年に広東省の深圳、珠海、汕頭、および福建省のアモイの四都市が、「経済特別区」に指定され、建設業の入札制度、雇用の契約制度、土地所有権の償譲渡制度などが試験的に行われた。1984年には、大連、天津、上海、青島など14の沿海都市が、「対外経済技術開発区」として指定され、外資利用の審査権、外貨使用権、経済技術開発区設置権などの面において、特別の権限が与えられた。同年10月の12期三中全会において、「経済体制改革に関する中共中央の決定」が採択され、「対内改革、対外開放」政策の全面実施が改めて確認された。1985年には、長江デルタ地帯、珠江デルタ地帯、福建南部デルタ地帯を、外資投資区域に指定した。1988年には、広東省管轄下の海南行政区を省に昇格させて海南省とし、全国最大の経済特区に指定した。

　対外開放政策に追い風となったのは、1980年代中頃の国際情勢をにらんだ中国外交政策の進展である。第一に米中関係の改善である。1984年にレーガン大統領が訪中し、米中関係の改善が進んだ。それを契機としてIBMなどアメリカ企業の対中投資が活発になる。第二に香港返還問題の決着である。1984年に中国と英国の間で香港の中国への返還に関する外交交渉が合意に達した。1985年からは、日本・欧州からの対中投資が急増する。1986年にはアジア開発銀行への正式加盟、およびガットへの加盟の正式表明が続く(王 1996：92-97)。

　これらの経済特区、沿海開放都市などを設置した狙いは、外資導入、とくに華僑資本の導入であった。そもそも広東省と福建省に、他の省に10年も先駆けて「放権譲利」したのは、広東省には香港資本を、福建省には台湾の資本を導入しようという狙いがあったからである。そして、事実、外資導入によって全額外資出資の独資企業、合弁企業、合作企業などが、華南を中心として発展した。その発展は、沿海開放都市に波及し、中国経済は、高度成長の軌道にのり、その結果、市場経済化はさらに進行することになったのである(渡辺利夫 1993：14-29; 小林実・呉敬璉 1993：

243-247）。

第3節　改革開放政策の特徴

　このように、改革開放政策は、農村の改革に始まり、その成果の上に立って郷鎮企業が発展し、他方、対外開放によって外資を導入した沿海都市部が経済的に発展するという軌跡をたどった。この経済発展の方向性を一言で表現すれば、市場経済化であったといえよう。そして、この市場経済化を支えたのは、郷鎮企業、外資企業、合弁企業、合作企業、個人企業などの、非国有企業であった。

　しかし、このように改革開放政策を貫く論理が市場経済化だったとしても、そのことは1978年の改革開放政策の開始からから一貫して市場経済化に向かって一直線に進んだことを意味しているわけではない。1978年の第11期三中全会においては、「価値法則の役割の重視」という表現で、商品経済を志向する方針が出されただけであり、当時はまだ市場経済という概念は使用されていない。市場の役割について言及されるのは、1982年9月の第12期党大会である。そこでは、「計画経済を主とし、市場調節を従とする」という改革目標が提起される。

　すでに言及したように、1984年10月の第12期三中全会では、「経済体制改革に関する中共中央の決定」が採択され、一歩進んで「計画的社会主義商品経済」という表現で、計画経済と市場調節の両方を同等に重視する方針が打ち出された。1987年の第13回党大会では、「社会主義初級段階論」を踏まえて、「国家が市場を調節し、市場が企業を導く」という方針が提起された。これは、事実上、市場を主体とする方針であった。

　しかし、この時期、インフレーションが加速し、1989年6月に天安門事件が起こるに至って、保守的傾向が強まり、市場経済化は後退することになる。1989年の第13期四中全会では「計画経済と市場調節の接合」という目標になり、1984年の計画的社会主義商品経済論にまで後退した。

再び市場経済化路線が強化されるのは、1992年の鄧小平のいわゆる「南巡講話」を契機とする。1992年初頭の「南巡講話」において、鄧小平は改革開放の加速化を呼びかけた。それを受けて、同年10月の第14回党大会において、「社会主義市場経済」、すなわち市場経済を中心とする改革目標が示された。この改革の方針には、現在まで変更が加えられていない。この改革目標のもとで、中国経済は天安門事件以来の停滞を脱し、再び高度成長を開始した。1990年代における中国経済の高度成長については改めて触れるまでもないだろう。このように、紆余曲折はあったにせよ、改革開放政策の方向性は、市場経済化であったいえる。

　農業改革、郷鎮企業の発展、外資導入による沿岸開放都市の工業化という三つの局面を駆け足で眺めてきて、そこに共通して見られるもう一つの特徴は、改革手法における漸進主義である。いま上で述べたように、改革開放政策は結果として市場経済化を志向してきた。しかし鄧小平率いる指導部は市場経済の導入それ自体を目的としていたわけではない。目的として目指されたのは、経済を立て直し、発展させることであった[8]。そして、経済を再建・発展させるために、中央から離れた地方において、まず必要な限りで経済的自主性を与える実験的な試みを行い、その有効性が実証されたと判断したら、次にそれを他地域に拡大していくという手法がとられた。その手法にしても、実際には実験が当初の予想を超えた成果を生み出し、その情報が他地域に広がって、いわば下からの圧力によって経済的自主権を拡大していくことが少なくなかった。すでに述べた農村改革の普及や対外開放都市の指定拡大はその例である。

　林毅夫・蔡昉・李周は、中国の漸進的な改革の特徴を、「増量改革」という用語で説明している。「増量改革」とは、資産の再分配から着手するのではなく、資産の増量の配分の面で市場メカニズムを導入する改革手法である（林毅夫・蔡昉・李周 1995＝1998：227）。また中国がなぜ漸進型改革を採用したのかについて、次の二つの説明を補足している。第一に中国の改革は社会主義制度を完成させるためのものであるので、急進的で

ある必要がないこと、第二に実用主義的あるいは非理想主義的な文化的風土のもとでの改革は、それがいかなる改革であれ、まず人々にメリットをもたらさなければならなかったこと、である(林毅夫・蔡昉・李周 1998＝1999：65)。

　朱建栄は、改革を漸進主義的手法で進めるやり方を、「農村から都市を包囲する」作戦であると特徴づけている。朱建栄によれば、この「農村から都市を包囲する」作戦は、鄧小平の二つの外堀埋めの迂回作戦であるという。「二つの」迂回作戦ということの意味は、一つは社会主義計画経済の中心だった都市部からでなく、相対的に散漫で問題が集中する農村から改革を手がけること、二つは計画経済の根幹の大中型国有企業からでなく、非国有企業の発展を奨励し、助長することである(朱建栄 1994：102-103)。

　民衆の自発的な動きに押されるかたちで改革を徐々に進める手法を採用したと述べたが、それはコントロールを失っていたということを意味しない。むしろ逆に、指導部は社会的安定を維持しながら経済を再建・発展させるという目的を踏み外すことはなかった。改革開放政策に対する保守派の批判に対する目配りも、指導部内に修復不可能な対立を生み、分裂につながるようなことがあってはならないという判断に基づいていたと思われる。換言すれば、指導部内の分裂は社会秩序の不安定に直結し、改革開放政策そのものの意味が失われる結果を生むという基本的認識が存在していた、ということである。社会的不安定につながりかねない社会の動きに対しては、共産党指導部はきわめて敏感であった。

　たとえば、郷鎮企業の発展を重視する戦略と外資導入による高度な技術に基づく産業発展育成戦略を同時並行的に進めていく背後には、労働生産性を向上させることと膨大な労働人口の雇用を解決することの間に矛盾があることの認識が透けて見える。すなわち、労働集約的な産業を郷鎮企業によって発展させて過剰労働力を吸収し、他方で外資によって近代的工業を確立することがその段階の中国経済にとって選択すべき道

筋であることが指導部に意識されていたと思われる[9]。

　以上、1979年に始まる改革開放政策を、農業改革、郷鎮企業、外資導入について見てきたが、もちろん国有企業に改革に全く手がつけられていなかったわけではない。漸進主義的な市場経済志向という改革開放政策の方向性は、国有企業の改革においても観察されうる。次にその内容を見ていきたい。

第4節　国有企業改革：第一期

　国有企業の改革も、改革開放政策の開始年である1979年に始まるので、今日まですでに20数年の歴史がある。この間の国有企業の改革をどのように時期区分するかについては、研究者によって様々な見解が出されているが[10]、本書では1979年から1984年までを第一期、1984年から1991年までを第二期、1992年以降現在までを第三期と区分したい。第一期は、計画経済のもとで、国有企業にそれまで認められていなかった経営自主権を与える試みの時期である。第二期は、計画経済部分を縮小させ、市場調節部分を拡大させる体制のもとで、所有権と経営権の分離という原則に従って、様々な形態の経営責任制を試みた時期である。第三期は、「社会主義市場経済」の形成という目標のもとで、市場経済の環境に国有企業を適応させることを目的として、企業経営メカニズムの転換を図る時期である。以下、それぞれの時期について、改革開放政策全体との関連を念頭におきつつ、その内容について整理していきたい。

　国有企業の改革は、1978年12月の第11期三中全会での決定事項に基づいて始動した改革開放政策の一環として、1979年に始まった。それに先立つ1年前の1978年に、四川省の六つの国有企業で、一定の利潤留保、中間管理職の人事、一定範囲の賃金および製品生産の決定などに関して、自主権を与える実験が行われたが、その実験を踏まえて、79年に国有企業の経営自主権の拡大についての改革の試みが全国に拡大された。

第一期の改革では、まず利潤留保制が試行された。利潤留保制とは、過去の利潤実績をもとに、一定の方法で出された留保率で、国有企業が利潤を留保できる制度である。それ以前には、利潤は原則としてほとんどすべてが国家に上納される仕組みであり、国有企業が自主的な判断で利潤を使うことはできなかった。国有企業は、この利潤留保制によって、利潤を上げれば一定の比率で利潤が自企業内に留保され、国有企業はそれを自主的な判断で、設備投資や福祉資金に充当することができるようになった。利潤留保制の導入によって、利益を上げた国有企業には、それを与えるシステムへの転換が最初に試みられたのである。

　従来、いくら経営努力によって黒字を出しても国家に吸い上げられ、あるいは逆に赤字を出しても国家が補填してくれていた。そのような制度のもとでは、経営努力への動きは出てくるはずもなかったが、利潤留保制のもとでは、それぞれの国有企業のなかで、経営努力を行って黒字を出すことの意味が出てくる。

　しかし、留保率が国有企業によって異なるなど、国有企業ごとの個別性が克服されたシステムではなかった。それに加えて、国有企業自身、計画経済時代の「生産拡張主義」の体質を引き継いでいたので、留保された利潤は機械・設備の更新のための投資に回されることが少なかった。利潤留保制という経営自主権拡大の試みは、老朽化した機械・設備の更新による経営の効率化をもたらすものではなかったのである（渡辺1994：134-135）。

　次のステップは、1983年の利改税の試験的な導入に始まる。それは利潤上納制から納税への転換を図るものであった。すなわち、近代的な法人所得税制を実施し、国家と国有企業の利潤の配分に関して、どの国有企業も従わなければならない普遍的規範を設定しようとする試みである。税率は、大中型の国有企業については55％、小型の国有企業については10～55％の8段階累進課税と定められ、課税後に残った利潤については、国有企業の自主的運用が認められた。利改税は、国有企業に対し

ては、経営努力を行って利潤を上げようとする動機づけとなることが期待された。他方、政府は国有企業の経営努力の成果が政府の財政収入の増加につながることを期待した。しかし、結果はおおむね失敗であった。というのは、国有企業の経営条件が異なるために、経営努力が利潤の高低に反映しなかったためである。それを是正するために、国有企業ごとに税率の異なる調節税が課せられたが、それはそもそも利改税の導入目的に反するものであり、結局のところ、利改税の導入は挫折したのである。

このように、第一期は、あくまでの計画経済を前提として、国有企業に対して限定的なかたちで経営自主権を与えるものであり、国有企業改革の準備期と捉えてよい。1984年に改革開放政策のなかで市場原理が計画経済と同等の重みをもつと認められる段階になって初めて、国有企業の改革が本格的に改革の日程にあがるのである。

第5節　国有企業改革：第二期

第二期は、1984年10月20日の第12期三中全会で採択された「経済体制改革についての決定」を画期とする。そこでは、「社会主義商品経済」の重要性が説かれ、計画経済と市場調節を結合させた混合経済メカニズムを志向することが、提起された。この路線に従って、価格体系の改革、すなわち需給関係を反映しない硬直的な価格体系を改革すること、税制、財政、金融制度などを改革し、経済のマクロ調節を可能にする手段を整備すること、所有制度の多様化を推し進めること等々が、決定された。この年の6月に従来の4特区に加えて14の沿海都市が対外開放都市に指定されていたことは、すでに述べた。農村改革の成果をもとに、農村中心の改革から都市中心の改革開放へと、政策の重心が移動したのである。

この方針に沿って、政府は国有企業を従来のように命令的に運営するのでなく、価格、税金、補助金、銀行金利などの経済的手段を用いて、

間接的に誘導する方式をとった。その結果、1985年に工業は成長した。しかしながら、その成長の牽引力となったのは、消費財生産部門や軽工業であった。消費財生産部門と軽工業の成長とは対照的に、原油、発電などのエネルギー部門、鉄道などの運輸部門、鉄鋼などの基礎素材部門は、経済の成長に追いつくことができず、供給不足に陥り、その結果、インフレーションが起こった。

　その原因は、価格制度にあった。すなわち、消費財生産部門や軽工業においては、価格は自由化され、国家の統制から離れていたが、エネルギー、運輸、基礎素材などの重要部門については、依然として価格は国家による統制下にあった。そのために、経営自主権を得た企業は、投資を主に統制のない消費財生産部門や軽工業に向けたのである。したがって、投資がもっぱら軽工業や消費財部門に向けられ、重工業部門との間で成長の不均衡をもたらすという問題を解決するためには、二元的な価格(消費財＝市場価格、生産財＝公定価格)を克服することが、必要であった。

　このようななかで、価格改革が最重要課題となり、趙紫陽の手によって実行される。当時党総書記であった趙紫陽は、1987年10月の第13期党大会において、「社会主義初級段階論」を発表した。その内容は、中国の社会主義はいまだ初級段階にあり、高度の生産力を備えた真の社会主義に到達するためには、市場経済を本格的に展開させることによって、高度な生産力を実現しなければならない、というものである。この「社会主義初級段階論」に従えば、市場経済が資本主義で、計画経済が社会主義という考え方は、誤りであるということになる。「中国的特色のある社会主義」を実現するために、「国家が市場を調節し、市場が企業を誘導する」経済運営方式を採用しなければならない。

　「社会主義初級段階論」を踏まえて、次のような経済改革が提起された。第一に、私営経済を容認し、所有制度の多元化を目指すことである。第二に、最終消費財だけではなく、生産財も商品化することである。第三に、所有権と経営権を分離し、国有企業を改革することである。それに

よって、国有企業の権益を合法的に保護し、国有企業の経営自主権を確固としたものにすることを目標にした。

これらはいずれも1984年の「経済体制改革についての決定」の延長線上にある。1984年の決定後、その決定を受けていくつかの実際の試行が行われた。趙紫陽の87年の報告は、その成果を踏まえて、その成果を確認し、拡大する目的をもっていた。1985年秋から1986年にかけて策定された第七次五カ年計画においては、一面では保守派の主張が反映されたものであったが、他方では改革派の意向が反映されたものでもあったのである。すなわち、国有企業の自主権・自主採算制、競争的市場システムの導入、国家のよる市場を媒介とした間接的なマクロ・コントロールの導入が、計画のなかに組み込まれたのである。

この時期の国有企業の改革とは、具体的には「経営請負責任制」の試みである。1986年12月に、国務院から「企業改革の深化と企業活力強化についての若干の規定」が公布され、いろいろなかたちで「企業請負責任制」を推進する方針が決定された。「経営請負責任制」とは、国家所有制を前提として、請負契約によって経営権を国有企業に与えるものである。国有企業の経営者は、政府の主管官庁との間で、所得税や上納利潤の所定額を一定期間にわたって請け負い、残りの部分を設備の更新、技術革新、労働者のための福利施設やボーナス支給のために、自由に使えることになった。この制度は、国有企業の経営者に、利潤を拡大する動機を与えるものであったといえる。国有企業への経営自主権の付与を実際に効果あるものにするために、1986年に「全人民所有制企業破産法」が制定され、さらに国有企業の自主権を法的に保証するために、1988年、「全人民所有制工業企業法」が制定されている。

しかし、「経営請負責任制」の導入も、結局は「請負制」であり、国有企業の経営に対する政府の主管官庁の介入を完全に排除するものでなかった。たとえば、国有企業の経営者を選任する人事権は、政府がもっていたし、請負達成の評価についても、多分に主管官庁の恣意的な判断に任

されていた。主管官庁は、自らの既得権益を容易に手放そうとはしなかったのである。この時期の国有企業改革の限界はそこにあった。

　凌星光は請負制の欠陥として、次の三点を指摘している。第一に企業行動の短期化をもたらし、企業の長期的発展につながらなかった点、第二に利潤を出した企業は請け負った分だけを上納し、欠損企業は政府に頼るので、政府の財政収入が固定化してしまった点、第三に企業と行政主管部門との関係が絶たれなかった点、である（凌星光 1996：160-161）。

　この時期に中国経済全体の市場経済化が進むが、それを推進したのは、すでに述べたように、市場経済原理で運営されていた農村における郷鎮企業と開放地区における合弁企業、合作企業、外資企業であった。

　このように、国有企業の改革が容易に進まないなかで、インフレの勢いは止まらず、社会に不安が広まり、1989年の天安門事件を迎えることになる。すでに述べたように、天安門事件をきっかけに改革開放を推進しようとする勢力は力を失い、保守派が台頭し、改革開放路線は、一時的に後退を余儀なくされるのである。

第6節　国有企業改革：第三期

　再び改革開放路線に戻るのは、すでに述べたように、1992年1月の鄧小平の「南巡講話」をきっかけとしてである。それを受けて、11月の中国共産党第14回全国大会では、江沢民書記が、「改革開放と現代化建設の足どりを加速し、中国的特色のある社会主義事業のより大きな勝利を勝ち取ろう」という報告を行い、「社会主義市場経済体制の確立」が提起された。改革開放路線にブレーキをかけようとする保守派の主張が退けられることで、市場経済化へのためらいが除去され、国有企業を含めた全体的な市場経済化を進めることが決定されたのである。そして、国有企業については、それを完全に政府から切り離し、市場に押し出す方針へ転換することになる。

かくして第三期は、「社会主義市場経済体制の確立」という方針のもとで、国務院によって1992年7月に「全人民所有制工業企業経営メカニズム転換条例」が制定されたことを画期とする。この条例を制定した目的は、市場経済の環境に国有企業を適応させることにあった。すなわち、国有企業を法に基づいて自主経営、損益自己負担、自己発展、自己規制を行う商品生産の経済単位へと転換させることである。もしも経営効率の向上を図ることに失敗すれば、その国有企業は、転業、合併、分離、解散、破産などの方式によって、製品構成および組織構成の調整を図るよう努力しなければならない。市場における競争を通じて、資源の合理的配置と企業の優勝劣敗を実現する方針が決定されたわけである。

「全人民所有制工業企業経営メカニズム転換条例」の発布とともに、「三鉄の打破」キャンペーンが行われた。「三鉄」とは、鉄の茶碗、鉄の椅子、鉄の給料の三つのことである。その意味は、順に終身雇用、固定した人事制度、画一的な賃金制度であり、社会主義計画経済体制の遺制とでも呼ぶべきものである。

この方針のもとで、国有企業を真に独立した商品生産の経済単位に作り変えるために、企業経営権が保証され、14項目の経営自主権が与えられた。企業経営権とは、企業が国から任された財産について有する占有、使用、および法に基づく処分の権利をいう。この企業の経営権は、法律で保護され、いかなる官庁、単位、および個人も関与、侵害してはならないと定めている。14の経営自主権とは、①生産・経営の意思決定権、②製品の価格決定権、③製品販売権、④物資（生産財・資本財）購入権、⑤輸出入権、⑥投資意思決定権、⑦留保資金処分権、⑧資産処分権、⑨企業提携・吸収・合併権、⑩労働雇用権、⑪人事管理権、⑫賃金・ボーナス分配権、⑬内部機構設置権、⑭各種賦課金拒否権、である。これまで以上に大幅な権限の移譲が行われたといえる。

1993年11月には、第14期三中全会において、「社会主義市場経済体制確立の若干の問題に関する党中央の決定」が採択された。そこにおいては、

社会主義市場経済体制がどのような枠組みをもつかが、体系的に提示されている。そのなかで、国有企業の経営メカニズムの転換によって、「現代企業制度」の確立を目指すことが、国有企業の改革の方向であることが示された。

この「現代企業制度」とは、国有企業改革の第三期を貫くキーワードであり、その内容は、「産権明晰、職責明確、政企分開、管理科学」の16文字に示されている。その特徴は以下の五点である。第一に財産権の明確化である。まず企業のなかでの国有資産の所有権は国家に属するとされる。しかし企業は資産に対し「法人財産権」をもつ。それによって、企業は独自に民事的権利を享受し、民事責任を負う法人となる。これは企業の経営における自立を規定したものである。第二に企業はすべての法人財産をもって、法に基づく自主経営を行い、損益を自己負担し、法に従い納税し、出資者に対して資産価値の保持と増殖の責任をもつ。第三に出資者は投入した資本額により資産からの受益、重大な事項についての意志決定、管理者の選択という三つの権利をもつ。企業破産の際には、企業に投入した資本額についてのみ債務に対し有限責任をもつ。第四に企業は市場の需給に応じて生産と経営を行い、政府は経済活動に直接には関与しない。企業は市場での競争のなかで長期に赤字を出し資産をもってまかない切れなくなれば、法に基づき破産する。第五に科学的企業指導体制と組織管理制度を作り、所有者、経営者、従業員の関係を調整し、刺激と制約の結合したメカニズムを作る。

ここで追求されているのは、「所有と経営の分離」の原則を、国有企業に対して貫くことである。それは「産権明晰」という四文字で表現された。「産権明晰」の意味は、国有企業の資産は国家によって所有されるが、所有しているからといって、運営管理を行ったり、企業資産価値の保存・増殖を図ったりする権利をもたないことを規定すること、言い換えれば国有企業に管理運営と企業資産価値の保存・増殖に対する自主的な経営の権限を与えることであった。「法人財産権」は、そのために導入された

新しい概念である。国有企業の資産は、資源性資産、経営性資産、非経営性資産に分けられるが、国有企業の産権制度の改革は、経営性資産を対象としている。国有企業の経営性資産とは、国有資産の価値を増殖させる資産を指している。企業法人の財産とは、出資者が提供する資本、経営によって増加した価値および負債から成る。企業は法人財産に対して、法に基づく支配権をもつ。

　第1章で指摘したように、従来の国有企業には、「法人財産権」の概念はなかった。つまり社会主義計画経済体制のもとでは、国家は全人民から委託されて国有企業に対して社会的・行政的管理権を行使するだけではく、経営管理権をも行使していたのである。国有企業の改革の第一期、第二期を通して、企業の経営自主権を拡大させようとする試みがなされたことは、これまで述べてきたとおりである。しかしながら、その成果は大きくなかった。つまり政府と国有企業の密接な関係は、なかなか解消の方向に向かなかったわけである。この改革の第三期に至って、両者の関係を切断するために、思い切った抜本的な方針がとられるに至ったと解釈できる[11]。

　このように、「法人財産権」を確立することは、「所有と経営の分離」を実現するために必要な一歩であり、それがまさしく「現代企業制度」を確立することにほかならない。そして「法人財産権」を確立するために有効な方法として、国有企業を株式会社に転換させることが目指されることになった[12]。

　改革開放政策の歴史において、株式会社化の実験はすでに1984年に始まっている。北京市において、株式有限公司が設立されたのが最初である。しかし、株式会社化が早く進んだのは、農村における郷鎮企業である。他方、国有企業については、株式会社に転換させるという発想自体は、すでに1980年代半ばにあった。1987年の共産党第13回大会において、国有企業の株式会社化が話題になったのが最初である。「現代企業制度」の確立は、国有企業の株式会社化を本格的に推し進めることを狙いとした

ものである。しかし、そのためには、1万5,000あまりの国有企業を、株式会社化の対象とすることになる。まず、そのための条件作りが必要である。

1993年12月には、中国における最初の会社法である「中華人民共和国公司法」(以下、「会社法」と略記する)が公布され、そこにおいて初めて「有限責任公司」と「株式有限公司」の規定がなされた。「有限責任公司」の最低登記資本額は10万元から50万元で、小企業が対象である。「株式有限公司」の最低登記資本額は1,000万元で、株式の発行・譲渡を行うことが可能である。「有限責任公司」には、国の指定投資機関から出資される国有独資会社が含まれる。

株式会社を設立しても、株式市場が未整備であれば、不十分である。株式市場の整備については、すでに1986年に上海市工商銀行信託投資公司が、株式の上場転売業務を最初に始めた。株式市場の出発点である。その後、1990年に上海に、翌1991年に深圳に証券取引所が設置された。1993年には、「中華人民共和国公司法」の公布にあわせて、「株式発行・取引管理暫定条例」が公布された。

このような条件整備を前提として、1994年11月に、北京において、全国現代企業制度モデル工作会議が開かれた。そこにおいて、100の大中型国有企業を選択し、1995年から96年をテスト実施期間として設定し、会社法に沿ったかたちで「現代企業制度」の確立の実験を行うことが決定された。選ばれた国有企業は、太原重型機械集団公司、瀋陽機床株式有限公司、重慶鋼鉄集団公司、北京化学工業集団公司、彩虹電子集団公司、上海汽車工業総公司などの100社である。業種別には、多い順に、工作機械、鉄鋼業、化学工業、紡績工業、電子工業である(井上隆一郎編 1996)。

1995年の第14期五中全会では「抓大放小」政策が打ち出された。「抓大放小」とは、文字どおりには大は抓み小は放つの意味だが、その意味は、大型国有企業に対しては経営改善を行わせて存続させ、小型国有企業に

対しては合併、廃止、競売、リースなどで整頓していくというものである。

　この「抓大放小」政策は共産党内の保守派の抵抗を惹起した。しかし、1997年9月の共産党第15回大会において、当時の江沢民総書記は公有制を混合所有のなかの国有資本、公有資本を含むと再定義し、国家の資本を経済の基幹的部門に集中させる方針を打ち出した。そして株式制は資本主義か社会主義かには関係なく、現代企業の一種の資本組織形式であり、所有と経営の分離に対して有利であり、企業と資本の効率を高めることができることが指摘された。それは「抓大放小」政策を再確認することであり、また株式制への転換にゴーサインを出すことであった[13]。

　その後、正当性を付与された「抓大放小」政策のもとで、大型国有企業については集団化と株式会社化を進め、スケール・メリットを効かせて国際競争力を追求できる超大型国有企業に育成する方針がとられ、他方で2000年までに当時でほぼ9万にのぼる小型国有企業を株式会社化する方針が決定された。1999年の第15期三中全会では、企業全体ないし企業の株式の一部を民間人に売却すること、すなわち私有化によって、経営の自立を促すという方策をとることが決定された[14]。

　なお、中国共産党第15回全国大会決議では、私有企業が「社会主義経済の補足」から「社会主義経済の重要な構成部分」に格上げされた。改革によって所有権の多元化を進めるという改革の方向性がより鮮明になったと評せる。1999年3月には憲法が改正され、国家株を一部法人株に移行して、それから流通させる法的根拠が整備された。

　国有企業の改革に関する以上の方針の基本線は、現在に至るまで変更されていない。1999年9月の第15期中四中全会において「国有企業の改革と発展に関わるいくつかの重要問題についての決定」が採択され、現代企業制度の確立という国有企業の改革について従来の方針が再確認されると同時に、競争産業では国有企業を戦略的に撤退させる方針が打ち出された。2002年11月の中国共産党第16回全国代表大会においても、また2003年3月の全国人民代表大会においても、国有企業の改革に関しては、

現代企業制度の確立という既定路線に則って報告がなされ、また残された課題が指摘されている。

第7節　国有企業改革における産権改革の位置

　本章においてこれまで述べてきたように、1979年以来、中国の国有企業の改革は、経営自主権の拡大を目的として、利潤留保制の導入、利改税の導入、経営請負責任制の導入、など一連の政策が、一歩一歩段階的に行われてきた。国有企業の改革の基本的な狙いは、最初、国有企業に経営自主権を与えることにあった。すなわち、国有企業を政府の統制から分離し、企業独自の裁量と判断で経営を行わせ、その結果についても、自己責任の原則を適用させることを目指した。利潤を政府が吸い上げる方式を改め、国有企業が自由に使用する権利を与えるが、もしも赤字が出ても、従来のように政府が補填をしたりしないで、国有企業が自ら処理させるようにした。当然、企業自体の売却や倒産もありうるわけである。

　しかし、80年代前半の段階では、国有企業に経営自主権を与えることにとどまっていたのであって、国有企業を市場経済に適応させることが、いきなり目指されていたわけではない。すでに述べたように、国有企業は社会主義計画経済体制の中核部分に位置していた。国有企業の改革を急速に進めることは、不可能であるだけでなく、経済と社会を混乱させることにつながる可能性が高い。社会主義計画経済体制と距離のある領域から改革を始めて、次第に国有企業に改革を波及させることが、政府の方針であったと思われる。

　ただし、国有企業の改革を後回しにするとはいっても、国有企業の改革が改革開放を進める上で、いずれは避けて通れない大きな課題になることは、改革開放政策を推進する政府の指導者に、十分認識されていたと思われる。そのことは、1984年の第12期三中全会で採択された「経済

体制改革についての決定」や、1987年の第13期党大会の趙紫陽による「社会主義初級段階論」に基づく国有企業改革の方針などに、表明されている。しかし、国有企業については、当面、真正面から改革を進めるのではなく、少しずつ改革を進め、他方において、市場経済化になじみやすい領域に主力を注ぐという方法が、採用されたわけである。そして第1節と第2節で述べたように、農業改革と郷鎮企業の成長促進、外資導入による労働集約的産業の育成など、その方法はまさしく成功した。

朱建栄は「社会主義市場経済」という改革目標を、「コペルニクス的転換」（朱建栄 1994：77）と呼び、改革を次の段階に進めたものと位置づけた上で、新たな段階の改革の中心課題は国有企業の改革であると指摘している。国有企業の改革については、1980年代前半から経営自主権の拡大を目指す改革が進められてはいたが、その改革は経済体制全般に関わる一連の改革とセットでなければ、効果がない。そこで国有企業の大幅な改革を後回しにし、先に非国有企業経済の助長、価格改革、保険制度の整備など、「外堀埋め」作戦が進められたわけである。そして、ようやく非国有企業の生産額が、1992年に全生産額の5割を越えるに至った。つまり、非国有部門が経済の半分を支えるようになり、また他の改革措置も実施されるに至った。そこで、満を持して1992年からいよいよ計画経済の最後の砦、国有企業に「攻略戦」を行う号令が発せられたのである。国務院が1992年7月に公布した「全人民所有制工業企業経営メカニズム転換条例」がまさにそれである（朱 1994：101-3）。

この朱建栄の解釈は、基本的に妥当なものであると筆者も考える。つまり国有企業の改革は、第三期に至って本格的なものになったと捉えることができる。朱建栄は明示的に述べていないが、第三期の国有企業の改革が本格的なものであるのは、そうならざるをえない事情がある。言い換えれば、国有企業の改革を行って、市場経済化を進めることが、改革開放政策を進める上で、避けて通れない段階に至ったと考えなければならない。

国有企業改革を本格化させるといっても、1980年代までの経営自主権の拡大政策では限界があることが明らかであった。経営自主権の拡大という政策が限界にきた以上、次の一歩は所有権の改革にまで踏み込むことになる。逆にいうと、所有権の改革にまで踏み込んで、国有企業の経営を市場経済に適応できるように改革しなければ、経済成長の大きな制約条件になりかねない。このように、1990年代の初頭は、改革開放政策を継続するためには、国有企業の本格的な改革に取り組むことが必要な段階にさしかかっていた。しかも改革の内容は単に経営自主権の拡大を図るだけでは不十分であり、所有権の改革にまで踏み込まなければならない段階に至っていたのである。

　付言しておけば、株式会社化においても、タイム・スケジュールに沿って一挙に進めていくという方策はとられていない。すべての国有企業を一挙に株式会社に転換することはできないという判断に基づいて、一部の国有企業で実験し、それが成功したら、徐々に全体に広げていくという漸進主義的アプローチがとられた。すでに述べたように、漸進主義的手法は1979年以降の改革開放政策の全般で見られるが、その漸進主義的アプローチが現代企業制度の確立の段階に到達した国有企業改革においても採用されていることを指摘しておきたい。

第8節　産権改革と社会主義公有制

　現代企業制度の確立、すなわち産権改革が国有企業改革の焦点になり、国有企業の株式会社化が推進されるようになったわけであるが、そのことは社会主義の公有制の原則に抵触しないのであろうか。1992年の11月の中国共産党第14回党大における「社会主義市場経済」の概念の提出に表れているように、市場経済化を目標とするが、それは社会主義という大枠のなかで行うというのが、指導部の方針である。しかしそれは可能なのであろうか。言い換えれば、国有企業を株式会社に改組することと社

会主義公有制の維持は両立するのであろうか。この章の最後に、その問題について触れておきたい。

　上述のごとく、第三期の国有企業の改革の、中核的な政策は現代企業制度の確立と株式会社化である。両者の関係は、国有企業を株式会社化することで、現代企業制度が実現することになるという関係である。1993年11月の第14回三中全会において、「社会主義市場経済体制確立の若干の問題に関する中共中央の決定」が採択され、そこで「産権明晰、職責明確、政企分開、管理科学」という内容の現代企業制度を打ち立てることが決定されたことも、先に述べたとおりである。

　では、この現代企業制度の本質は何か。それは、市場における競争の主体となりうるような生産組織に、国有企業を再構築することである。中国共産党第14回大会の報告のなかで、国有企業はまさに「自主経営、損益自己責任、自己発展、自己約束」という質を備えた法人主体でなければならず、かつ市場競争の主体でもなければならないと指摘された。この法人主体と競争主体という二つの主体を確立しなければ、国有企業がその経営活動において、他の諸組織とどのような関係をもつかについて、明確にならないし、また国有企業自身がどのように行使すればいいかについても、明確にならない。国有企業は経営活動において、様々な関係をもつ。たとえば、経営者と所有者の関係、各クラスの政府との関係、出資者との関係、銀行との関係、債権者との関係、その他の企業との関係、市場における競争者との関係、労働者との関係、社会との関係、等々である。国有企業は独立した組織体として、それぞれの関係について、自己の位置を明確にしておかなければならないし、どのように行為するかについても、明確な原則をもっていなければならない。

　経営に関して明確な原則をもつためには、国有企業の産権制度を改革する必要がある、という認識が1992年以降の国有企業改革をそれ以前と区別する。産権制度の改革とは法人財産権を制度的に確立することである。現代企業制度のもとでの産権制度の基本的な内容は、法人財産権制

度であり、それは株主権と法人財産権の二層から構成される。株主権とは、出資者の権利である。法人財産権とは、法人が法に基づいて法人財産に対して有する独立の支配権を指す[15]。

　第1章で触れたように、改革開放政策前の公有制のもとでの企業の財産権の概念は、資本主義経済体制下のどのような形態の企業の所有権とはも異なっていた。社会主義計画経済体制下では、生産資源は全人民の所有に帰するものとされた。そして、抽象的で非人格的な国家が全人民を代表して財産権を行使するとされた。その際の財産権は、占有、支配、処分などの一切の権利を含んでいる。この制度のもとでは、事実上、企業の法人代表はなかった。つまり、実際には、各クラスの政府、あるいは各主管官庁によって、国有企業の財産は管理されていたのである。しかし、それら政府や官庁は、経営リスクに対するいかなる責任も負っていなかった。このような、法人代表のない「全人民所有」とは、財産権の境界線がないということと同義である。つまり、誰が、何に対して、どのような権利をもっているのかが決まっていないということである。このような状況では、国有企業の内部から利潤を上げようとする動きは出てこないし、経営に対して責任をとるという発想も出てこない。国有企業に関してなされていた、いわゆる「財権不清」という指摘は、国家と企業の双方が、同一の国有資産に対してもっている責任と利益に対する権利についての関係が、明確に境界づけられていないことを、意味している。政府、あるいは主管官庁は、所有者（＝全人民）を代表し、所有権を行使もするし、かつ経営権も行使する。国有企業の側に、経営自主権は存在せず、国家と企業の関係は行政的「命令－従属」関係であった。

　1992年の10月の共産党の第14回大会の決議のなかで、国有企業の「財権不清」という事態が明確に指摘され、国有企業の産権を整理する任務が明らかにされた。産権を整理し、国有企業の法人財産権を確立することによって初めて、国有企業は法人としての実体を備えることができ、市場競争における主体として行為できるようになる。「自主経営、損益自

己責任、自己発展、自己約束」という標語は、それを指したものである。第6節で述べたように、1993年12月には会社法が公布され、第4条第2項において、「会社は、株主が投資して形成される全部の法人財産権を有し、法に依り民事的権利を有し、責任を負う」と規定された。法律によって法人財産権が明確に規定されたことで、国有企業は株式会社に改組されることによって、法人として財産権を有するようになった。それによって、国家と企業の関係は行政的な「命令－従属」関係ではなく、民事主体どうしの関係になる。

　改革がここまで至れば、少なくとも国有企業に関して他の資本主義国家と変わりはなくなったような印象を受ける。社会主義市場経済と「社会主義」の「看板」はついているが、実際は私有財産制に転換することを選択したとみなせるのではないかという印象である。社会主義公有制は、国有企業という計画経済体制時代の象徴的存在においてさえ、消滅の方向にあるとみなしていいのだろうか。

　公有制原則が消滅の方向にあるとは断言できない、というのが現段階でいえることである。その理由は、法人財産権を認めておきながら、同時に国有企業の資産に関して国家所有権を残していることにある。会社法の第4条第2項に法人財産権の規定があることは上に述べたとおりだが、その同じ第4条の第3項に「会社における国有資産の所有権は国に属する」という規定をおいているのである。そして「国有資産」とは、「国家がいかなる方法であれ国有企業に投入した資本金およびこれにより形成され、または法に基づいて得た国家の所有持ち分」である（虞建新 2001：193）。

　国が国有企業の出資者として企業と関わるのならば、それは株主としての株式の所有権をもつことにほかならない。私有財産制度を原則とする国においては、株式の所有権は共益権（総会議決権ともいう）と自益権から成る。自益権は利益配当請求権と残余財産請求権から成る。私有財産制を原則とする国では、会社の財産はあくまでも会社という法人の財

産なのであり、出資者たる株主の財産なのではない。出資者たる株主は株式の所有者である。株式会社とは、株主が法人としての会社を所有し、その法人としての会社が会社の財産を所有するという「二重の所有関係」によって構成されているのである(岩井克人 2003：57)。私有財産制度の国の「常識」から見れば、会社のなかに会社以外の主体の財産はありえないので、「会社における国有資産の所有権は国に属する」という規定は、きわめて異例である。

逆にいえば、そこに「中国的特徴」があるといえる。法人財産権を認めたからといって、それがストレートに社会主義公有制の原則の放棄にはつながっていないことを、そこに読み取ることができる。国有企業改革のなかで新しく生まれ変わった株式会社としての国有企業は、社会主義公有制の原則と市場経済の原則を折衷してできた企業組織だといえよう。この問題は中国社会の今後の方向性に関わる問題なので、終章で立ち返りたい[16]。

[注]
1 改革開放政策の歴史についての文献は多いが、ここでの記述は基本的に次の文献に依拠している。凌星光(1996)、王曙光(1996)。
2 この「中共第11期三中全会」とは、「中国共産党第11期中央委員会第3回全体会議」を意味する。共産党の党大会は5年に1回行われ、重要な決定がなされる。党大会の間の5年間については、中央委員会の全体会議が原則として毎年1回開催され、重要事項が決定される。なお中央委員は共産党大会において選出される。したがって、「第11期三中全会」というのは、第11回共産党大会後に開催された第三回の中央委員会の全体会議を意味することになる。中国の政治においては、党大会に次ぐ重要決定の場である。ちなみに、ただ「三中全会」というだけで、1978年12月の中央委員会全体会議のことを指す場合が多い。それだけ中国の大転換の契機となった歴史的な会議だったことを示している。
3 「毛沢東路線」下における経済の行き詰まり、とくに農業集団化が実際にどのような問題をもたらし、農村を疲弊させたかについての簡便な要約として、古澤賢治(1993：87-100)。

4 各戸生産請負制は、共産党中央の決定というよりは、安徽省鳳陽県の農民の積極的な行動が最初である。ヤミ制度として行われていた制度を安徽省の共産党第一書記であった万里が正式に追認したことが普及のきっかけとなった(渡辺利夫 1994：84-85)。

5 その後の農業および農村について簡単に触れておく。1984年まで驚異的に成長を遂げた中国農業は、1985年の強制買い付け制度の廃止と契約買い付け制度への転換を契機として、停滞し始める。1980年代前半のめざましい食料生産の伸びと1985年から1989年までの停滞は対照的であった。この農業生産の停滞は、「農業徘徊」と呼ばれる。1989年頃から食料生産は持ち直すが、農産物価格の伸び悩み、都市と農村の格差の拡大、農業投資の停滞、農民の生産意欲の減退など、様々な問題が持ち上がって今日に至っている。この時期の農業および農村の問題に関しては、中兼和津次(1992：265-297)、中兼編(1997)を参照。

6 農村の過剰人口を農村工業の発展によって吸収し、都市への大規模かつ急速な人口移動を抑制するという戦略の立案については、社会学者・費孝通の貢献があった。小城鎮の建設に関する論文を集めて編まれた費孝通(2000)を参照されたい。都市論の領域においては、改革開放政策下での急速な工業化にもかかわらず、経済成長による急速な都市化が東南アジア諸国にもたらしたスラム化が、中国で生起しなかった要因であると指摘されている。また、蛇足であるが、費孝通の「小城鎮」戦略は鶴見和子らの内発的発展論にも影響を与えた(宇野重昭・鶴見和子編 1994)。

7 このように発展してきた郷鎮企業であるが、それが抱える様々な問題点も1980年代後半以降、表面化してきた。たとえば、資金不足、エネルギー・原材料の欠乏、経営管理システムの水準の低さ、生産物の偏りが原因となった過当競争、資源浪費および環境破壊の傾向などである(古澤 1993：109-122)。

8 経済優先の方針については、鄧小平の有名な「白猫黒猫論」がある。白い猫でも、黒い猫でも、ネズミをとる猫がいいのだ、と語ったとされる。その発言は、もともと改革開放政策以後になされたものではなく、「大躍進」政策の失敗後の調整期における発言である(天児慧 1996：27)。しかし鄧小平のプラグマティックな思考を示すものとして有名となり、改革開放政策以降は資本主義(＝市場経済)か、社会主義かという原理的論争を避け、経済発展を最優先させる方針を表明したものと解釈されるようになった。

9 同様の見解を述べたものとして、王(1996：122)を参照。私見によれば、社会的安定を最優先する発想は、社会が分裂することで外国勢力の侵略を許した苦い過去の教訓が生きているものと思われる。とくに鄧小平および彼と同世代の革命第一世代に属する共産党幹部にとって、中国の独立を達成したことに統治の正当性を求めている以上、その思いは痛切だったので

はないかと思われる。社会的安定を重視する発想の前提に、毛沢東の政治優先思想がもたらした文化大革命の混乱がいかに社会を破壊し、荒廃させたかについての反省がある点については、天児(1996)を参照。

10　国有企業改革をどのように時期区分するかについては諸説ある。日本人学者のものから紹介すれば、川井伸一は四つの段階を経て行われてきたと主張している。川井によれば、第一期は1979年から1982年までで、利潤分配面の改革が行われた時期である。第二期は1983年から1986年までで、利潤上納制から法人税制への転換を図った時期である。第三期は1987年から1991年までで、所有権と経営権の分離の考えに基づいて経営請負制とリース責任制が実施された時期である。第四期は1992年以降で、経営自主権を全面的に実施し、損益自己管理の実現を狙いとして「経営メカニズム」の転換が目指された時期である(川井伸一 1996：3-4)。

萬成博は1980年代半ば以降と時期を限定した上で、第一期は1986年から1992年までとした。この時期は経営請負制の導入がなされた時期である。この改革は、1989年の天安門事件における趙紫陽党書記の失脚によって頓挫した、とされる。第二期は1993年から1996年までである。この時期は、国有資産の所有権の改革が最重要であるという考え方に基づいて、国有資産の所有権と経営権の分離が着手され、現代企業制度の確立が目指された時期である。第三期は1997年以降である。この時期は、公有制を主体とするも他種類の所有制を認める決定のもとに、国有企業改革の集大成が図られている時期だとされる(萬成博 1999：1-5)。

1992年ないし1993年を一つの画期とする点において川井と萬成は共通しているが、それと異なる見解を有しているのが小島である。小島によれば、1979年から1987年までが第一期であり、国有企業の経営方式に集団所有制企業のそれを導入する時期である。経営自主権の拡大、請負制の導入によって特徴づけられる。1987年から1996年までが第二期である。第二期は「所有と経営の分離」と「株式会社化」の二つの方向性が提起された時期である。1997年から第三期に入る。小島は明示的に述べていないが、中国共産党第15回党大会において、株式会社制が社会主義と矛盾しないことが宣言され、小型国有企業の改組と大型国有企業の現代企業制度への切り替えを促進することが決議された時期である(小島麗逸 1997：165-174)。

次に、中国人研究者の時期区分を取り上げる。林毅夫・蔡昉・李周は1979年から1984年を第一段階とする。その時期は経営意思決定権の分散によって経営効率の改善を図ることが改革のテーマであった。改革の主要な手段は権限分散および利潤譲与であった。第二段階は1985年から1986年である。第二段階の中心課題は企業活力の強化であった。そのための主要な方法は、分権化の一層の推進、税制改革、工場長への請負責任制の三つであった。1987年から国有企業改革は第三段階に入る。改革の焦点は企業の経営

メカニズムの転換であった(林毅夫・蔡昉・李周1995＝1998：114-120)。

凌星光は1979年から1984年を第一期とする。その内容は権限下放と利益譲渡である。第二期は1983年から1986年である。利改税の実施と経営自主権の拡大をその内容とする。第三期は1987年から1991年で、経営請負責任制の実施の時期である。1992年以降、第四期に入る。経営メカニズムの転換を通しての現代企業制度の確立をその内容とする(凌星光1996：157-160)。この説の特徴は第一期と第二期に重複する時間のあることである。

厳密な時期区分を行っていないという点で、凌星光と共通しているのが、丁徳章・胡懐国の説である。彼らは1979年から1981年を「拡権譲利」の時期、1981年から1985年頃までを「利改税」の時期、1986年から1991年を「請負経営責任制」の時期、1992年以降を「現代企業制度」の時期と区分している(丁徳章・胡懐国2001：79-86)。

このように国有企業改革の時期区分には様々な説があり、いまだ「通説」は確定しているとはいえない状況である。それは一つには、国有企業改革が複雑な内容をもち、かつ紆余曲折的な過程であるためであろう。段階区分をしようにも、進んだり後戻りしたりするので、段階を画する線をなかなか引けないことに一つの理由がある。もう一つは、国有企業改革が現在進行中の過程であることも影響している。それは基本的には研究者が国有企業改革をどのような改革であると考えるのかという理論的枠組みの差異に由来するものである。

本書では、国有企業改革を漸進的市場経済志向の改革であると考えた上で、計画経済の要素と市場経済の要素の混合度合いに着目して、時期区分した。

11　繰り返しになるが、1993年3月の全人代総会において、それまで「全人民所有制企業」を「国営企業」と呼んできたことが公式に改められて、新しく「国有企業」と呼ばれるようになった。これは、いうまでもなく、国家は「所有」するが「経営」しないことを、明確に意識してのことである。

12　国有企業改革の株式会社化に関する研究としては、虞建新(2001)の業績を参照。

13　国有企業を株式会社化することへの保守派の抵抗には根強いものがある。国有企業改革を推進する指導部も慎重である。たとえば1998年3月に内外の期待を受けて首相に就任した朱鎔基は、国有企業、金融、行政の三大改革について、3年前後で成果を上げることを公約した。しかし、1999年の全国人民代表大会では、供給過剰の表面化、一部国有企業の赤字の深刻化、長年にわたって蓄積した不良債権問題を震源とする金融不安、国家財政赤字の増大など、深刻な問題の噴出を背景として、財政出動による景気の下支えと失業問題などを緩和し国内の社会安定を優先する姿勢を打ち出した。保守派の批判に配慮したものと思われる。国有企業改革の株式会社化の背

後で保守派と推進派がどのような政治的闘争を繰り広げていたかについては、田中信行(2000)が詳しい。

14 これ以前の1993年11月の第11期中全会前後から、非効率な国有企業の売却や破産を試験的ではあるが公式に行っている。破産や売却を含む合併は当時で3,000社にも及んでいた。

15 1992年を画期として、1992年以降、国有企業の活力不足の原因は財産権が明確にされていないからだという認識が広がり、株式会社制度の導入が国有企業の財産権を明確にする有効な方法であるという認識が大きな影響をもつようになったことについては、林毅夫・蔡昉・李周(1995＝1998：119)を参照。その社会的背景には、第3章で論じるような国有企業の赤字体質や国有資産流の問題があった。本文で述べたとおり、その後株式会社の実験が国有企業改革のいわば「新しい流行」となっていく。林らの指摘によれば、大型国有企業の株式会社化は、少なくとも資金調達の側面において企業の成長に貢献した。

16 虞建新は、「株式会社において法人財産権を承認しながら、国家所有権を維持し続けようとしている。これこそが中国の社会主義市場経済の本質を示すもの」(虞2001：193)と述べている。21世紀政策研究所による研究でも、同じ点が次のように指摘されている。「一方で会社独自の財産権の存在を法定しつつ、他方で出資後も国有資産は国の所有にとどまるかのような規定を置くことは、『株式会社』という諸外国にも馴染みの深い法制であるだけに、国有企業の場合以上に概念の混乱を生じさせかねない」(2001：35)。

第3章　国有企業改革とその社会的帰結

はじめに

　この章の目的は、国有企業の改革に伴ってどのような社会的変化が生じたかについて、既存の研究成果を整理し、1990年代半ば以降、産権改革という所有制度の改革が改革の重要な焦点となった社会的背景を浮き彫りにすることである。

　まず、改革の直接的な効果について検討する。繰り返しになるが、国有企業の改革は企業に経営の自主性を与え、経営効率を改善することを目的としていた。改革の目的である企業経営の改善という意図がどの程度達成されたかを、既存の研究成果に依拠しながら明らかにしたい。それを、①国有企業の経営の自主権がどの程度実現されたか、②国有セクターの財務状況が全体として好転しているかどうか、③経営者の質・意識がどのように変わったかの三点について検討する。そこから経営自主権を拡大する政策がどのような結果を社会的に生み出したかを論じたい。とくに国有企業の経営に改革の意図とは異なる結果が生じたことを指摘する。そしてその事態の発生を契機として産権改革に関わってコーポレート・ガバナンスが問題とされる状況が作り出されたことを示したい。

第1節　経営自主権の実施状況

　まず、この経営自主権がどの程度実現されてきたかについて、既存の調査研究を整理しながら時間を追って見てみることにしよう。

　1980年代の後半、経営請負制の実施を通して経営自主権を拡大する政策が推進されたことはすでに述べたとおりであるが、その結果、企業はどの程度自主的な経営を行うようになったのだろうか。1991年に国家体制改革委員会の「経済体制と管理研究所」が約2,000社の国有企業を対象として行った経営自主権の実施状況についての調査によれば、製品販売と物資購入について企業が自主的に決定する比率が高く70％を超えている。解雇が62.4％でそれに続くが、その他の項目については軒並み低い数字が並んでいる。とくに工場長の任免については、自主的に決定すると答えた企業の割合は1％強にすぎない（表3-1）。

　1992年に「国有企業経営メカニズム転換条例」が発布され、国有企業改革が新たな段階に入るのはすでに述べたとおりであるが、その翌年1993年7月に、国家統計局は全国の30の重点都市において、1,076の国有企業を対象として、条例が規定した14の経営自主権の実施状況に関する調査を行った。その結果によれば、生産・経営意思決定権、製品販売権、物

表3-1　経営自主権の実施状況（1991年）　　　　　　　　　　　　単位　％

項目	主管部門決定	主管部門と企業が協議の上で決定	企業が自主的に決定
生産計画	25.3	43.9	30.8
投資と拡大生産の能力	25.4	58.4	16.2
製品価格決定	23.9	53.9	22.3
製品販売	4.9	18.1	77.1
物資購入	3.9	22.5	73.6
工場長任免	80.6	18.3	1.1
雇用	26.6	50.2	23.2
解雇	9.8	27.8	62.4

出典：孫小蘭、2002、『21世紀的国有企業』経済管理出版社、p.14の表から作成。

資購入権、内部機構設置権、留保資金処分権、企業提携・吸収・合併権、資産処分権、製品価格決定権の8項目については、90％以上の国有企業が権利を行使していた。賃金・ボーナス分配権の一項目については、80％～90％の国有企業が権利を行使していた。人事管理権、投資意思決定権の2項目については、70％～80％の国有企業が権利を行使していた。労働雇用権と輸出入権の2項目については、30％～40％の国有企業が権利を行使していなかった。各種賦課金拒否権については、60％の企業が権利を行使していない。モノに関する権利の行使については、比較的高い実施率を示しているが、ヒトの雇用や政府との関係に関わる権利の行使については、実施率が低いことがわかる（黄朗輝・楊玉民 1996：145）。

1994年から1995年にかけて世界銀行の研究グループが、五つの都市の128の企業について経営自主権の完全実施に関する調査を行った。その結果が表3-2である。経営自主権実施の高い項目は、製品販売権の97％、

表3-2　14の経営自主権の実施状況（1994年）　　　単位　％

項目	完全実施の企業の割合
製品販売権	97
生産経営意思決定権	96
物資購入権	94
留保資金処分権	78
内部機構設置権	78
製品価格決定権	73
賃金・ボーナス分配権	65
労働雇用権	58
人事管理権	55
投資意思決定権	47
企業提携・吸収・合併権	40
輸出入権	39
資産処分権	37
各種賦課金拒否権	21

出典：World Bank, 1997, *China Reform of State-Owned Enterprises*, Report No.14924-CHA, p.22.

生産経営意思決定権の96％、物資購入権の94％である。それとは少し落差があるが、次いで留保資金処分権および内部機構設置権の78％、製品価格決定権の73％に続く。次のグループは賃金・ボーナス分配権の65％、労働雇用権の58％、人事管理権の55％である。投資決定権、企業提携・吸収・合併権は40％台の実施率、輸出入権、資産処分権は30％台の実施率である。各種賦課金拒否権は21％の実施率にすぎない。

1997年の調査になると、生産・経営意思決定権と物資購入権については100％の実施率である（ここで実施率とは、調査した全企業の内、その権利を行使している企業の割合を意味する）。100％ではないがそれに近い実施率であるのが製品販売権、内部機構設置権、賃金・ボーナス分配権である。人事管理権、留保資金処分権、製品価格決定権は90％以上の実施率である。労働雇用権、投資決定権は80％以上の実施率である。資産処分権が70％以上の実施率である。企業提携・吸収・合併権は60％以上の実施率である。輸出入権は50％以上であり、各種賦課金拒否権の実施率は30％台であるにすぎない（渡辺利夫ほか 1999：57）[1]。

以上の調査については、異なる主体が行った調査なので、調査対象の選定方法や調査方法等に違いがあり、単純に数字を比較することには慎重でなければならない。しかし大体の傾向は見て取れる。まず言えるのは、1990年代を通じて経営自主権が拡大したということである。とくに生産・経営意思決定と物資購入については、政府の主管管理部門から独立した決定が行われるようになっている。計画経済体制下において単に政府主管部門の指令に従っていただけの存在であったことから見ると、大きな変化が生じているといえる。とくに1992年の「国有企業経営メカニズム転換条例」の発布後に大きな変化が起きている。

しかし、それにもかかわらず1997年に至ってもなお経営自主権が不十分であることが二番目にいえることである。現代企業制度の確立が政府の基本方針となって数年を経過しても、経営自主権の拡大という1980年代から推し進められている方針さえも100％達成されているというには

ほど遠いのである。逆にいえば、政府の国有企業に対する関与がそれだけ深いということであり、また政府と企業の支配－従属関係を断ち切ることがそれだけ困難だということでもある。たとえば、1997年においても各級の政府から課せられる各種賦課金を拒否する企業の割合は低い。そこに示されているのは、政府に対して権利を主張する企業の姿というよりは、政府に対して弱い立場に立たされている企業の姿である。

第2節　国有企業の生産性と財務状況

　次に、国有企業改革が全体として企業経営の改善を生み出したどうかであるが、まず改革開放政策以前と改革開放政策以後を比べてみると、全要素生産性がマイナスであった状態からプラスに転じたことが明らかにされている。しかし国有企業の全要素生産性[2]の上昇速度は1980年代半ば以降は鈍化した。国有企業の全要素生産性の向上がなぜ生じたかについては、その半分が従業員報酬制度の改善によるものという説明が有力である(林毅夫・蔡昉・李周 1998＝1999：56)。

　しかし国有企業の財務状況は悪化傾向にある。林毅夫らの指摘によれば、①国有企業の貯蓄は低下傾向にある、②投資の赤字が大きくなっている、③国有工業部門の公的金融セクター借入れに占めるシェアが高まっている、④国有工業部門の納税額の国内総生産に占める割合が低下している[3]（林毅夫ら 1998＝1999：57)。国有企業が国家の財政にかける負担が次第に重くなっていることがうかがえる。

　さらに赤字額も増大している。表3-3から明らかなように、国有企業の赤字は1980年代の後半から1990年代の前半にかけて年々増大している。国有企業の赤字への財政からの補填額は1990年代の半ばに減少しているように見えるが、実は財政からの補填という直接的手段から銀行からの低金利貸し出しという間接的手段にシフトしたためである（林毅夫ら 1998＝1999：58-59; World Bank 1996: 16)[4]。

表3-3　国有企業の赤字額および赤字補填の変遷

単位：億元

	赤字額	赤字への財政補填
1985	32.4	507.0
1986	54.5	324.8
1987	61.0	376.4
1988	81.9	446.5
1989	180.2	598.9
1990	348.8	578.9
1991	367.0	510.2
1992	369.3	445.0
1993	452.6	411.3
1994	482.6	366.2
1995	540.6	327.8
1996		337.4
1997		368.5
1998		333.5

注：空白はデータなし。
出典：国家統計局『中国統計年鑑』1994年版、1999年版より作成。

とくに1990年に入って国有企業の経営実態が悪化していることが問題視されるようになった。その当時で全国の鉱工業企業の約三分の一が赤字であり、「三角債」の増大に伴って赤字企業の数も急増しつつあった。「三角債」とは、国有企業相互の間で売掛金の決済不能が原因で運転資金が焦げ付くことを意味する。翌1991年になってもその状況に改善は見られず、それに対する危機感が国有企業改革の一層の深化を促すのである（加々美光行 1993：62-63）。

第3節　経営者に関する変化

以上見てきたように、経営自主権の拡大は進展しており、また少なくとも1980年代前半までは全要素生産性は好転していた。そこから、「放権譲利」政策の下で国有企業経営者と従業員に対するインセンティブが働

いたと予想される。しかしその反面で企業の財務状況は悪化している。その落差は何に由来するのだろうか。それを探るために、国有企業の経営者についての調査を検討する。

ここで参照するデータは、中国企業家調査系統が1993年と1994年に企業の代表(工場長または社長)を対象として実施した調査(中国企業家調査系統 1995)の結果である。有効回答数は2,756であった。ただし、国有企業だけが対象ではない。サンプル企業の内訳は、国有企業が74.3％、集団企業が12.9％、三資企業が7.4％、その他が5.4％である。その他には私営企業が含まれる。回答企業数の90.6％が大中型企業である。

まず企業経営者の出身母体であるが、1993年の時点で国有企業に関して最も多いのは技術人員の38.5％で、管理人員の35.2％、党幹部の24.0％と続く。この三者で約98％を占める。ところが1994年になると、わずか1年で傾向が変化する。すなわち、管理人員が最も多くなり、45.5％である。技術人員、党幹部は減少し、それぞれ31.6％、21.6％である。管理人員とは当該国有企業の政府主管部門からいわば「天下り」してくる人員である。国有企業の改革が「現代企業制度の確立」段階を迎えたちょうどその時期に、政府の官僚が国有企業に「天下り」しているというのは注目に値する。

そのことは国有企業の経営者の意識に影響しているようである。計画経済体制下の企業は行政組織でもあり(第1章を参照)、経営者は行政職であり、当該国有企業の経営者が行政職の何級に該当するかは規則によって定められていた。その等級を廃止することに同意するかどうかという質問に対して、同意する比率が最も低かったのは国有企業の経営者である。ちなみに最も同意する比率が高かったのは三資企業の経営者であった。クロス集計がなされていないので憶測にすぎないが、おそらく政府主管部門から派遣された経営者のなかに行政官としての意識が強いものと予想される。

経営者として最も重要だと考えている経営目標は何かという問いに対

しては、国有企業の経営者が第一位にあげているのが「従業員の給与を増加させること」で46.7％である。第二位が「最大利潤を追求すること」で40.7％、以下「市場占有率を上昇させること」37.2％、「企業イメージを向上させること」31.0％、「企業規模を拡大すること」26.3％、「請負の任務を完遂すること」17.1％と続く。

ちなみに、集団企業では第一位が「企業イメージを向上させること」であり、「従業員の給与を増加させること」は第三位である。また三資企業は第一位が「市場占有率を上昇させること」、第二位が「企業イメージを向上させること」、第三位が「最大利潤を追求すること」であり、「従業員の給与を上昇させること」はその次の第四位にすぎない。

経営者の任命の仕方であるが、1993年の時点において国有企業の経営者の92.2％が上級主管部門の任命である。集団企業の85.8％、三資企業の75.3％と比較すると、その数字の高さが目立つ。ただし1994年になると86.0％と低下している)[5]。

第4節　経営自主権拡大の社会的帰結

第3節で、経営自主権の拡大によって、国有企業経営者と従業員に対するインセンティブが働いたと予想されるのにもかかわらず、その反面で企業の財務状況は悪化しているが、その落差は何に由来するのだろうかという問いを発した。確かに、国有企業の経営者は経営自主権を徐々に拡大していき、経営に対するインセンティブは働いたと考えられる。利潤を上げることを重視するという姿勢は生まれたと考えられる。しかし、その経営自主権を資産(＝国有資産)が増加させる方向にはあまり使っていなかった。最も重要と考える経営目標として「従業員の給与を上昇させること」と考える経営者が多いことが示唆しているように、利潤が上がってもそれを労働者に分配し、企業内部に蓄積しない行動をとっていたと考えられる。

なぜ経営の意欲が資産の増加に向かわないかということであるが、それは経営自主権を与えられたといっても、政府の主管管理部門との関係が切れたわけではないことに原因がある。基本的には計画経済という枠のなかで経営自主権が付与されているにすぎない。人事権など重要な側面については政府のコントロール下にあるし、赤字を出しても独立採算でない以上、国家が補填してくれる。経営者自身も1994年の時点でその4割以上が政府の主管管理部門の官僚である。つまり国有企業改革の「事情」に通じた存在である。極端にいえば、経営自主権が許容する経営上の自由を活用して利潤を上げ、それを企業内に留保して、見かけ上は赤字とし、国家の赤字補填を受けるという方策をとることが「合法的」に可能なのである。たとえば社会的保障、社会福祉、福利厚生などの負担を依然として抱えざるをえないことを利用して、利益があっても赤字を出して国家から補助をもらった方が得になる。

　利潤留保制や経営請負責任制などの国有企業の改革は、企業努力の結果生まれた利益の一部を取得する権利を、国家から企業に移すものだった。しかし、実際には企業経営者に移したというべきである。経営方針の決定などの経営活動を監督するのは、自分自身であって、外部から来た者が監督することはきわめて困難だからである。したがって、利潤留保制と経営請負責任制は、事実上、国有企業経営者を剰余取得者に変えたということができる。それは経営者に対する一つの刺激になったことは間違いない。しかし経営者は内部消費の費目を増やすなどの方法を通じて、剰余を企業内に留保し、自分のコントロール下におくことを選択した可能性が高い。そこから国有企業の実際の収入が、統計的に示される収入や政府が規定する収入よりもはるかに多くなり、他方において統計的には国有企業の赤字が続き、財政による赤字補填が続けられるという問題が生じたと考えられる。

　このように、国有企業改革はそれが不完全な経営自主権の改革である限り、黒字は自企業内に留保でき、しかも赤字は国家が補填してくれる

という条件を形成した。しかも自主権を与えられた経営者は、外部からの監督がなく、いわば経営のフリーハンドを与えられた。そのような条件下で経営者が選択する方向性は二つ考えられる。一つは私利私欲を考えない経営者の場合であり、従業員の給与を上げるべく努力するという方向性である。「企業内部人員報酬最大化傾向」(周紹朋・丁德章・許正中編 2001：17)と表現できる。第3節で述べたように、「従業員の給与を上昇させること」を最重要経営目標と考える経営者は、このタイプに属している。もう一つは私利私欲に走る経営者の場合で、経営自主権を利用して自己利益の極大化を図るという方向性である。後者は「国有資産の流出」という問題を引き起こし、1990年代半ば以降、大きな社会問題になった。次に、それについて論じよう[6]。

第5節　国有資産の流出

　「国有資産の流出」とは、国有企業の経営自主権が実施されるにつれて、政府の官僚や国有企業の経営者が、各手段を通じて国有資産を流出させ、その過程において国有資産を個人財産に転変させていくことを指す。

　その正確な実態についての研究はなく、推測があるだけである。どのくらいの国有資産が流出しているのかについては、金碚がいくつかの推計に言及している。それによれば、1980年代以降、国有資産の流出は毎年平均して500億元程度と予測され、その累計額は6,000億円以上に達すると見られる。毎年の流出額を1,000億元と見積もる向きもある。別の研究では、国有企業の資産流出額は国民総生産の約8〜12％を占めると見積もられている(金碚 1997：165)。何清漣は話題となった著書のなかでこの問題に触れており、金碚の指摘と同様に、年平均500億元の国有資産が流出していると述べている。1日に換算すると、約1億3,000万元の資産が毎日流出していることになる。何清漣の指摘によれば、1982年から1992年の10年間で流出した国有資産の累計は約5,000億元である。そ

の額は1992年の全国の国有資産総額2兆6,000億元の約五分の一に相当する（何清漣 1998＝2002：89-90）[7]。

では、国有資産の流出がどのようにして起こったかであるが、唐燕霞によれば、市場経済化が進みつつも、計画経済体制時代の残滓が残るなかで、中国の社会構造が二元構造化したことが国有資産流出の条件を形成したとされる。計画経済と市場の二元構造のなかでは、価格も計画価格と市場価格の二重価格をもつ。これを「双軌制」と呼ぶ。まず国有企業の経営者はその地位を利用して計画価格の統制物資を入手する。他方で集団所有制の子会社を作り、その行政機関の監督できない「自由空間」を利用して、入手した統制物資を市場価格で転売する。統制物資の市場価格は計画価格より高いので、それによって利鞘を稼ぐことができるのである（唐燕霞 1998：65-66）。その利益は企業内に留保され、行政機関のコントロールの及ばない資産となる。入手した統制物資は生産過程に投入されないので、その分の国有資産が流出したことになる。このような現象は、「官倒」と呼ばれた[8]。

国有企業の経営者がその主管政府部門との密接な関係を利用して一般人には入手が困難な財を獲得することをレント・シーキング[9]と呼ぶ。レント・シーキングはいま述べたような「不正」に常に結びつくわけではない。しかし計画経済と市場メカニズムの二元構造という条件のもとでは、統制物資を相対的に価格の高い市場価格で転売し、労せずして利益を生み出すことが可能なので、レント・シーキングは「不正」の温床になる可能性が高い。その場合、レント・シーキングは国有資産の流出に直結する。

国有資産の流出の手口について、呉敬璉は次の二つの方法をあげている。一つの方法は、国有資産を利用して得た利益を企業の財産、場合によって経営者個人の財産にする方法である。改革開放以前は国有企業の財産はすべて国有資産であったが、改革開放以後は計画外の一部を企業経営者が独自の判断で経営し、販売計画以外の収入の一部を企業の

「三項基金」[10]に転用することが認められた。それは、国有企業の財産が、国有資産と企業自身の自己資産の二つから構成されるようになったことを意味する。そして二つの資産がともに経営者によってコントロールされるために、様々な手段で国有資産の利益を企業資産の利益へいわば「合法的」に移転した。一部の国有企業は財テクに手を染め、利益は企業資産とし、損失は赤字として国家財政からの補填を受けた。

いま一つの方法は、国有企業が政府主管部門を通じて国有資産を企業資産へ移転する方法である。文化大革命後、国有企業と共産党・政府機関は下放されていた人員とその家族の雇用問題を解決するために、本業とは関係のない子会社を設立することが認められた。この仕組みを利用して、一部の国有企業は会社を設立し、そこへ利益を移転した。国有企業の経営者は企業の所有者である国家の全権代表であるために、政府主管部門と連携すれば会社を作るのも自由であり、資産の移転もほとんど制約を受けなかったのである。さらに設立された企業(＝子会社)が同様に会社を設立することもあった。このような国有企業が子会社を作り、その会社が孫会社を作るというプロセスが繰り返され、最終的にもとの国有企業は帰属する企業の全貌を把握し切れない状況も生まれた。こうした状況下で利益の移転が容易に行われた(呉敬璉 2003：1-6)[11]。

第6節　移行経済とインサイダー・コントロール

世界銀行による中国の国有企業の資産の管理に関する研究のなかで、国有資産の流出問題は、計画経済から市場経済へ体制転換している移行経済にしばしば起こる問題であると指摘されている(World Bank 1997b: 53)。つまり国有資産の流出という問題は中国だけに見られる問題ではなく、ソ連をはじめとする東欧の旧社会主義諸国においても観察された問題である。

漸進主義的な改革手法をとる中国とは対照的に、旧ソ連は国有企業の

改革において所有権の私有化を急速に推し進めた。それは「ビッグ・バン」アプローチと呼ばれる。旧ソ連においても、計画経済体制下で経営者と管理者は、経営自主権をもっていなかった。ロシアにおいて国有企業の私有化は、最初国有企業の株を平等に配分することから始まった。市場経済に向かう変化の過程において、経営管理権はすべて規範の欠如した半計画経済的な市場経済のなかで資本と結びついた。経営管理権は、各種の経営経験、経営チャンネル、社会関係、技術管理の秘訣などを含むが、それらは明らかに「金銭的価値」をもつものになった。市場経済の初期に、彼らはそれまで積み重ねてきた情報と経営チャンネルに対する独占をフルに生かし、有利な立場に立ったのである。私有化が終わってみると、経営者が企業の独占的な支配権を手に入れている企業が多くなった。旧ソ連や東欧諸国が計画経済体制の時に権力をもっていた者は、国有企業の私有化がなされた後も、その大部分が多くの企業を掌握したのである[12]。

より一般的に述べれば、計画経済体制下において、主要な経済情報は政府の経済管理部門の手に握られている。だから、政府の経済官僚と国有企業の経営管理者は、国有企業の改革のなかで、情報資源とその他の社会関係資源を利用し、様々な方法を通じて国有資産を自分のものに転化させるか、もしくは自己のコントロール下におくことが可能である。このような、計画経済体制下において権力をもっていた者が、市場経済への移行期に、企業経営者あるいは企業所有者に転化するのである。いわば「エリートの連続」が生じるのである。

移行経済における国有資産流出の問題を、比較制度分析の視点からインサイダー・コントロールの問題として考察したのが、青木昌彦である（青木昌彦 1995）。インサイダー・コントロールとは、「旧共産主義経済における旧国有企業の民有化（法人化）過程で、企業のコントロール権の実質的部分が、法的または事実上、経営者によって（場合によっては従業員との連合を通じて）掌握されること」（青木 1995：159-160）である。青木によ

れば、インサイダー・コントロールの潜在的可能性の現実化は国によって異なる。それを規定する要因として重要なのは、共産主義の最後の段階における共産主義的支配に対する経営者の自立度と労働者の力、および移行期における様々な利益集団に対する民有化機関の自立度である。この視点から見れば、ロシアは強力な経営者支配の例である（青木1995：160-161）。

中国の国有企業の改革は、旧ソ連が行ったように急速に私有化を進める方式を採用しなかったが、結局、「エリートの連続性」を避けることはできなかった。第3節で呉敬璉に依りながら国有資産の流出がどのように起こるかを説明したが、青木によればそれはインサイダー・コントロールの実例である。すなわち、国有企業の経営者が一部の政府幹部と結託して収益性のある部門を子会社として分社化し、それに優良資産と生産的労働者を移転させるという現象は、まさにインサイダー・コントロールの実例である。子会社が収益を上げれば、より独立性を強め、他方で損失を生み出せば国家による救済に依存するという行動様式をとる。青木は、このような状態が続き、有効な外部モニタリングのメカニズムなしに国有企業の民有化が進めば、「インサイダー・コントロールは甚大な影響を国民経済に及ぼすだろう」（青木1995：165）と述べている。

ではインサイダー・コントロールによる企業経営者の自己利益極大化行動に歯止めをかけ、国有資産の流出を防ぐことはできるのだろうか。実は、まさにこの問題をめぐって産権改革を進めるなかでいかにコーポレート・ガバナンスを実現するかという問題が提起されたのである。それについては次章で論じる。

ここでは、なぜインサイダー・コントロールが起きたのか、言い換えれば国有資産の流出が生じたのかという問題に対して、企業外の要因について触れておきたい。

一つ指摘できるのは、所有者としての政府が国有企業の経営者の生産・経営活動をコントロールする法律が整備されていないことである。国有

企業の改革は、所有権を経営権から分離し、国有企業の産権を確立させ、その結果として国有企業の経営者が利潤の使用権と分配権をもつことになった。国有企業の所有権が国家にあり、かつ政府が国有企業の経営者に経営に関して自由放任の態度をとるという条件下においては、国有企業の経営者は、各級政府の官僚の参加もしくは指示を得て、合資や株式会社化などの手段を通して、国有企業の資産を新たに形成した合資会社あるいは株式会社のなかに移転することができる。それによって、所有者である国家の監督から完全に逃れることができ、国有資産が経営者の個人的な資産に転化する。最初に法的規制を含めた制度全体を設計するのでなく、まず自由にやらせてみて効果を見定めていくという漸進主義的な改革手法では、「国有資産の個人化」の発生を抑えることができなかったといえよう。

　もう一つ指摘できるのは、社会全体の拝金主義的風潮である。腐敗が広がり、腐敗によって蓄財する人が目につくようになるにつれて、もともとは腐敗していない人の心理に微妙な影響を与えるようになる。すべての腐敗が法的に摘発されるわけではないので、経営者の地位にある者の心理には、機会を生かして蓄財しなければ損だという意識が生まれるのである。このように「成金心理」の影響を受け、ますます多くの経営者が、「而是一夜暴富（一夜にして豊かになること意味する）」を追求するようになった。経営努力によって、利潤を上げ、その結果、自分の取り分を増やそうという「遠回り」の道を避けるのである。その結果、国有企業の改革は、企業効率の最大化を追求するために行うはずだったのに、現実には「富了和尚窮廟」（お寺の和尚が富んで、寺は窮乏化することを意味する）のような現象が生じたのである[13]。

第7節　国有資産の流出と社会階層の分化

　国有資産の流出が社会問題化したのは、それが国有企業改革をなし崩

しにするものであり、経済改革を挫折させかねないからであった。しかし国有資産の流出は、単に経済に対する悪影響だけにとどまらない。より射程の長い影響を社会にもたらしつつある。その一つが階層分化の問題である。国有企業の改革によって、かつて「単位」に所属するものとしての共通性を有していた経営者と労働者の間に社会的裂け目が生じつつある。

　社会主義計画経済における労働者と経営者は、何よりもまず国家が雇用した公務員であった。どちらの存在も、企業の経営主体ではなかった。「幹部」と「労働者(工人)」の身分的区別は存在したが、利益の分配は平等主義の原則で行われていた。幹部に雇用を決定する権限はなく、また国有企業の幹部に労働者を解雇する権限もなかった。国有企業への就職は政府の人事部が分配していた。労働市場、失業は存在しなかった。国有企業が倒産することはありえなかった。まさに「労働者の天国」だったのである。

　改革開放政策以降、1980年代の半ばから雇用制度の改革が始まる。1986年7月に「国有企業労働契約制実施に関する暫定的規定」が発布され、同年10月から国有企業での新規雇用はすべて「契約工」とすることが決められた。それは「終身雇用」を廃して企業と従業員との関係を雇用契約によって結びつく法的なものとし、条件を満たさなかった場合の解雇や契約不更新を可能にすることを狙ったものである。換言すれば、労働力配分への市場メカニズム導入のための条件整備を意図したものである。

　労働契約制の導入によって、雇用形式は契約工・臨時工・固定工など多様化することになった。国有企業の側からすれば、新規採用に際して企業側が人を選ぶ権利が初めて認められた。新規採用方法は、地方の人民政府の労働機関を通して、募集要綱に基づいた選抜を行う、というものである。また、とくに勤務態度の悪い従業員を企業が解雇することが可能になった。労働者の側からすると、中途での転職が可能になった。しかし、実際には各国有企業の従業員の子弟の雇用が最優先されたり、

同じ企業内に契約工と固定工が同時に存在するなど、雇用の自由化が進行したとはとてもいえず、労働契約制は事実上、形骸化した。この状態を、抜本的に打破し、雇用の自由化を達成し、労働市場を形成するためには、国有企業の全従業員に対して契約制を導入することが必要である。そのために1993年の労働契約制、1994年の労働法の制定を経て、1995年に導入されたのが全員労働契約制である。

　全員労働契約制とは、企業のすべての従業者(幹部と労働者を含む)が企業と契約を結び、相互の責任、権利、義務を法的に明確に規定する新しい雇用制度である[14]。それによって、第一に労働関係の内容が、国家と労働者の関係から、企業と労働者の関係に変転した。政府の国有企業に対する行政的拘束力が弱くなり、法に基づいて、国有企業自体の意思が強化されることになった。第二に雇用形式上、「幹部」と「労働者」の身分差別が廃止された。「幹部」と「労働者(固定工、契約工、臨時工)」は、企業の労働者として、平等な身分で企業と労働契約を結ぶ。第三に企業内部に平等な競争メカニズムが導入された。労働者全体に身分の区別はなくなり、公平な競争を通じて、各層の労働力が相互に流動することが可能になった。第四に法人としての企業と労働者(幹部と工人の両者を含む)の双方が、雇用関係において、自主権を享受できるようになった。市場経済下においては、法人として企業は経営自主権を享受しており、その重要な一環として、雇用を主体的に行う自主権を享受している。すなわち、雇用に関する自主権とは、企業経営に関係する法規と関連する政策が許容する範囲内において、労働者を募集する権利であり、生産において需要に応じて労働力の使用を調整する権利である。解雇は、契約に違反した労働者を企業から排除する権利である。他方において、労働者の側も、自己の意思に基づいて、企業を選択する権利をもち、また契約終了後は別の企業に移る権利を有する。政府によって割り当てられた企業に一生涯所属する必要はなくなった。

　雇用制度の改革は、企業と労働者の双方について、労働関係における

主体としての身分を確立した。それによって、双方は労働市場において出会い、双方とも自らの意思に基づいて契約を結ぶようになった。つまり労働関係が市場化されたわけである。国有企業の経営者が労働者を解雇し、「労働組合の優化」を推進することは、すでに「全人民所有制工業企業経営メカニズム転換条例」が定めている経営自主権の範囲内に属することであったが、実際に実行することは困難であった。行政からの干渉だけでなく、世論からの圧力もあったから、経営者はそれに抗して解雇や労働組合の優化を実行しようとはしなかったのである。しかし全員労働契約制の実施以降は、労働者と企業の関係は大きく変化することになった。国有企業の経営者は、生産需要に基づいて労働者を解雇する条件を手に入れたのである。

　1990年代半ばになると、経営が悪化した国有企業の労働者がレイオフされるようになった。すでに述べたように、それと同時期にも国有資産の流出は続いている。つまり、1990年代半ば以降、国有企業の労働者と経営者の社会的位置には大きな差が生じるようになったといえる。国有企業の経営者から見ると、余剰人員は削減した方が利益の増加に貢献する。余剰人員の削減はレイオフもしくは失業を意味するので、労働者の側から見れば死活問題である。つまり経営者と労働者の社会的位置に開きが生じただけではなく、両者の利害が明確は対立するようになったのである。資本主義社会における資本家と労働者の階級対立の構図と同じ事態が現出するようになったといえよう。

　とりわけ国有資産を自己の私的な資産に移転しようとする「悪質」な経営者は、すでに述べたように、優良な資産を子会社に移転し、赤字と労働者を元の国有企業に残す道をとった。つまり利益を生む資産は新しい会社に移転され、元の国有資産は債務と余剰人員を抱えることになる。元の企業は倒産したとしても、経営者は新しい企業の経営者として再出発できるが、労働者は元の国有企業の倒産に伴って失業することになる。しかも元の企業が消滅してしまった以上、年金や医療保険もなくなるの

である。都市貧困層への転落である。

　1990年代の半ば以降、国有企業の経営者は、「幹部」という身分の労働者階級から遊離し、都市における富裕な階層を形成する一部分になり始めた。他方において、国有企業の労働者はレイオフや失業などによって、都市の貧困層に転落しかねない存在となった。国有企業の経営者と労働者は文字どおり明暗を分けたわけである[15]。

　最後に、いわば「見捨てられた」境遇の労働者階層の利益を擁護する議論について紹介しておきたい。第1章において、国有企業の資産の性質を分析したとき、社会主義計画経済の特殊性をすでに指摘しておいた。繰り返して指摘しておけば、国有企業の資産の形成時の歴史的特殊性が、国有企業の資産の一部分が非生産的であるという性質をもつことを決定したのである。それは労働者に対する分配構造に反映していた。すなわち賃金は少ないが、各種の福祉給付は高い水準にあるという構造である。財務の観点から見れば、国有企業の労働者は、労働年数に応じて、福祉部分の資本の権利をもっていることになる。この30年に及ぶ社会主義計画経済政策を改革開放路線は変えたわけであるが、計画経済体制下で国有資産が蓄積されてきたという事実が変化したわけではない。その蓄積に貢献したのは労働者である。したがって産権は法人財産権ばかりでなく、蓄積されてきた社会保障基金の権利を誰が有するかという問題も含んでいる（劉世錦 1996；劉永佶 2002）。

［注］
 1　この調査は渡辺が行った調査ではなく、『中国財政年鑑』に掲載された調査が転載されている。
 2　全要素生産性とは、労働生産性、資本生産性のような個別的な生産要素の部分生産性ではなく、すべての生産要素投入量と産出量の関係を計測するための指標である。すべての生産要素の投入量をそれぞれの所得分配率によって加重平均して計算した総要素投入Ｔと産出量Ｙの比率Ｙ／Ｔとして定義される。一般に、その上昇は長期的には主として技術体系と生産の

組織との進歩を表すといわれ、短期的には固定設備の操業率や労働者の技能水準の上昇を反映する。

3 なお、ここで林毅夫・蔡昉・李周が参照しているデータは彼らのオリジナルなデータではなく、世界銀行の研究レポートのデータ(World Bank 1997a：7)である。

4 なお、企業の業績の推移を表す指標として、利潤率が利用されることがある。実際に楊艶琳・陳銀娥・宋才発の研究では、『中国統計年鑑』に依拠して利潤率が使われている。その研究によれば、1978年から1993年にかけて利潤率は一貫して低下している(楊艶琳・陳銀娥・宋才発 2000：101)。しかし利潤率は国有企業の経営が改善したかどうかの指標としては適当ではない。張維迎が指摘しているように、同一の時点で同一の業種の別の企業と比較するときに、利潤率は有効な指標である。言い換えれば、同じ市場のプレーヤーの企業同士を比較するときに、利潤率の高低はその企業の経営効率の良し悪しを示す指標となる。しかし今年の利潤率が5％である企業を、10年前に利潤率が10％であった別の企業と比較して、前者の経営効率が低いと判断することはできない。利潤率と市場競争の程度は反比例関係にあり、利潤率と市場の集中化の度合いは正比例関係にあるからである。つまり、仮に経営効率が同じでも、10年前には競争が激しくないために利潤率が高くなり、現在は競争が激しくなったために利潤率が低くなることがありうる(張維迎 1996：135)。

5 世界銀行の調査では、異なる傾向が示されている。その調査結果によれば、国有企業の経営者の経営目的の第一位は「利潤を増やすこと」であり、次いで「生産量を増やし、企業規模を拡大すること」である。「従業員の給与を増やすこと」は第二位の経営目標の四番目にあげられているにすぎない(World Bank 1996：22)。両者の調査結果が大きく異なることの理由の一つは、調査対象の企業をどのように選定したかというサンプリングの差であると思われる。

6 国有企業改革の意図せざる社会的帰結については、筆者自身、徐(1998)で論じた。

7 国有資産の流出に関する正確な数字はない。その点については、何清漣も述べているとおりである(何清漣 1998＝2002：89)。彼女自身、依拠しているデータは、自らの取材の他には、主として雑誌・新聞である。中国人以外の研究者については、データや情報源の制約もあってか、問題の指摘はするが、規模やその手口など国有資産の流出の具体的な実態について触れたものはほとんどない。たとえば興梠一郎は日本人研究者では問題の指摘を行っている数少ない一人だと思われるが、「国有資産の私有化」について触れているにすぎない(興梠一郎 2002：141)。世界銀行の研究でも、中国の新聞報道に依拠して、流出額について触れているにすぎない(World Bank

1997b: 50-3)。
8 段若鵬・鐘声・王心富・李拓は、Myrdal, Gunnar の「軟性国家」soft state の概念に触発されて、現代中国の腐敗現象について触れている。全国検察機関によれば、1990年から1998年までに受理した腐敗事件は110万件で、そのうち50万件が立件された。犯罪に手を染めていた人数は60万人にのぼる。そのなかに含まれる政府の高級幹部の比率は年々増加した。段若鵬・鐘声・王心富・李拓らによれば、「権力の軟性化」は、いくつかの特徴をもつ。法律の欠如、法律の不実行、法律解釈の恣意性、公務員の規律違反などである。中国はまさに「権力の軟性化」の実例だという（段若鵬ら 2002：275）。なお、段若鵬らは明示していないが、彼らが参照したのは Myrdal(1971=1974)である。Myrdal は、「基本的な改革を制度化し社会的規律を強いる能力も意思もない」(Myrdal 1971=1974a：179)政治体制をもった国家を「軟性国家」と呼ぶ。
9 レントは「その性質上、供給が固定されているような経済的要素に対する収穫」（青木昌彦・Kevin Murdock・奥野正寛 1997：27）と定義される。
10 具体的には、個人奨励基金、集団福利基金、生産発展基金である。
11 呉敬璉は中国で最も権威ある経済学者の一人であり、市場経済化を進める政府の経済政策はほぼ彼の影響下で立案されているといわれている。1990年代の経済改革政策を主導した朱鎔基の政策ブレーンの一人であった（朱建栄 1998：170）。したがって国有資産の流出についての彼の議論には、誇張はないものと思われる。

　なお、小島麗逸は国有企業や軍隊、大学、各種団体も会社を設立する現象を指して、「官僚資本の増殖」と呼んでいる。小島は、改革開放政策によって中国は「官僚金融資本主義」への移行を進めていると指摘している（小島麗逸 1997：172-174）。
12 ロシアの国有企業の私有化の結果、企業経営者が独占的な支配権を手に入れ、企業の長期的な利益を犠牲にして個人的利益を最大化しようとするようになったことについては、ヴィタリイ・シェヴィドコ(1996)を参照。
13 改革開放政策が生み出したアノミー現象については、中村則弘(1994)を参照。
14 全員労働契約制の具体的な内容は、第一に、全員労働契約制の契約締結条件であるが、労働契約を締結すると、それは法的な拘束力をもつものとなる。ただし、契約締結にあたっては、次の原則を守っていることが必要である。すなわち、第一に労働法と国家政策に違反しないこと、第二に双方の当事者の自発的な協議に基づいていること、第三に双方の当事者の法的地位が平等であること、第四に第三者の利益を侵害していないこと、以上である。

　労働契約制の主要な内容であるが、列挙すると、契約期間、企業の事業

内容、職務内容、試用期間、労働報酬、労働時間と休息時間、労働安全と衛生、保険福祉、労働規律、賞罰方法、契約解消条件、契約違反責任、である。企業が損失を抱えるなど、経営状態が悪い状況下では、企業は人員調整を行う権利を有する。また、企業は剰余労働力を解雇する権利も有する。企業は、30日前に書面によって労働者に告知することによって、労働契約を解消することができるようになったのである。しかし、労働争議の調停や、労働監査機能をもった労働組合が、その処置を不当であるとみなした場合は、解雇の決定は撤回されなければならない。またそのような場合、裁判に訴えることができる。

15 閻志民は現代中国における富裕階層を生み出した要因の一つとして不正蓄財をあげている。不正蓄財を行うのは、①社会的資源の管理者、②国有企業の責任者、③権力を金銭に変換する能力をもった仲介者、④外国駐在の中国投資の実権を握っている物、の四種類をあげている(閻志民編 2002：331-338)。なお、中国社会の階層構造がどのように変化しているのかは、1990年代末以降、社会科学界が国家から与えられた重点課題となった。その成果の一つが陸学芸編(2002)である。

第4章　産権改革とコーポレート・ガバナンス

はじめに

　これまで述べてきたように、1990年代における国有企業の改革の焦点は、産権改革という所有制度の改革であった。産権改革とは、国有企業に財産所有権の概念を導入して経営自主権を確立し、所有と経営の分離を実現することである。そこには国有企業を市場経済に適合的な企業に作り変えるという目的があった。その狙いどおり競争力をもった企業に復活した例もあるが、逆に当初の目的とは裏腹に企業経営が改善しないケース、あるいは経営者の私利追求行動などが表面化した。それらの問題をどう解決するかが、コーポレート・ガバナンスの問題として問われたのである。

　この章では、コーポレート・ガバナンスとは資本主義国家においてそもそもどのような問題として提出されたのかを確認した上で、中国的文脈におけるコーポレート・ガバナンス問題の特殊性を指摘する。そして中国の国有企業のコーポレート・ガバナンスを問題にしている代表的な論者の研究を検討し、それを通して産権改革によって企業と政府の関係がどのように変化しているかの見取り図を描き出したい。そこから経営学または経済学の視点からするコーポレート・ガバナンス論が、見落としがちな点を抽出したいと思う[1]。

第1節　コーポレート・ガバナンス問題の発生

　これまで述べてきたように、1990年代以降の国有企業の改革の目標は、所有と経営の分離を通して現代企業制度を確立することであり、その焦点は所有制度の改革であった。それは1980年代の経営自主権の拡大と経営請負制の実施を軸とする国有企業の改革が国有企業の赤字体質を変えるまでには至らなかったことへの対応として出てきたものである。

　もともと社会主義計画経済体制下において国有企業は生産・投資・販売等の意思決定権がなく、国家が策定した計画どおりに生産活動を行う生産拠点にすぎない存在であった。経営自主権はない代わりに、赤字を出しても国家によって補填されるので、生産性を上げようとするインセンティブが働かず、国有企業には赤字体質が蔓延することになった。したがって国有企業の改革の要点は、「いかにして国営企業の親方『五星紅旗』的経営体質を改め、企業の活性化を実現するか」（田中信行 1994：1）という問題であった。

　1980年代においてその問題の解決のためにとられた政策は、経営自主権の拡大と経営請負制の実施であった。それは確かに国有企業の経営活性化には貢献したが、他方で過剰投資・過剰配分による企業財務の悪化を招いた。

　松戸武彦は、国有企業の改革のなかで経営自主権が拡大したことがどのような社会的文脈のなかで起こったかという点について検討している。松戸は、国有企業の経営自主権を拡大させるという政策が、農家の生産請負制で起こったことと同様なことが国有企業の場合も起こるだろうという素朴な考え方に基づいていることを指摘した上で、大型国有企業の経営自主権の拡大が、すでに根付いている社会主義社会の秩序感覚のもとでは、長期的視点に立った経営再建への措置にではなく、従業員へのばらまきか、収益性を軽視した規模の拡大を狙った過大投資に向かう傾向があると論じている（松戸武彦 1999：55-61）。

つまり、所有構造をそのままにしておいて経営自主権だけを拡大しても、結局国有企業の赤字体質の改善につながらないことが明らかになった。そこで1990年代に入って選択されたのが、所有制度の改革を行い、それに連動して企業組織の再編を行うことだったのである。具体的には、国有企業を株式制企業に改組し、その企業は国家を含む多数の出資者の投資によって形成された法人財産権をもって自主的に経営を行い、損益を自己負担するというものである。その狙いは、法人財産権を確立することによって所有と経営の分離を実現し、主管行政部門の国有企業に対する介入を遮断し、同時に国有企業の主管行政部門への依存体質を断ち切り、それによって国有企業に市場での競争力をつけさせることである。法人財産権に基礎をもち、政府の影響力から自由な経営主体になれば、経営改善に対するインセンティブが働き、経営効率が改善するはずだという思惑があった[2]。

ところが、その狙いどおり競争力をもった企業に復活した例もあるが、逆に当初の目的とは裏腹に、産権改革によって経営者に経営改善のインセンティブが生まれるどころか、経営をチェックする仕組みの不在の背後で、経営者の私利追求的行動が生まれる状況も出てきた。インサイダー・コントロールの問題である。その問題をどう解決するかが、まさにコーポレート・ガバナンスの問題として問われたのであった。

第2節　資本主義国家のコーポレート・ガバナンス

ところで、そもそもコーポレート・ガバナンスとは、どのような問題なのであろうか。まずそれを確認しておこう[3]。

コーポレート・ガバナンスの問題を最初に論じたのは、アメリカのBerle and Meansである（Berle, A. A. and G. C. Means 1932＝1958）。彼らは、20世紀に入り資本主義が発展し、企業が巨大組織になるにつれて、19世紀まで主流であった「企業の所有者＝経営者」という構図がどのように変

化するかを論じた。

　企業は個人もしくは複数の個人の意思をもとに、資金、技術、人材を調達して設立される。株式会社が一般化する以前においては、企業における所有と経営は個人のレベルで統一されていたと考えることができる。つまり企業を所有している者が企業の経営者でもあったのである。ところが資本主義が発展し、企業の事業活動の規模が大きくなると、それに応じて資金の規模も増大し、その結果、所有の分散が起き、同時に経営の専門化が進む。そうなると株式の所有に基づいて所有者が実際に企業を経営することが不可能となり、経営は専門家によって行われるようになる。つまり株式会社という財産に対する所有権と、株式会社に対する支配とが分離し、少数の専門家集団が取締役会を構成し、会社を支配するようになる。それが Berle and Means が古典的研究のなかで明らかにした「所有と経営の分離」、あるいは「所有と支配の分離」という現象である。企業支配者が資本の所有者から経営者に移行しているというのが、彼らの基本認識であった。

　「所有と経営の分離」から帰結したことの一つは、所有者が変質したということである。所有者は株主という、会社に対して関心や関わりをもたず、短期的な利害にだけ関心をもつ多数の投資家に変化した。もう一つの帰結は、所有者の束縛から経営者が自立したことによって、経営者の恣意的な行動の可能性が生じたということである。もしも経営者に対してなんらかのモニタリングがなければ、経営者は自己利益の拡大のような株主の利害に反する行動に走るかもしれない。経営者の行動をチェックする規制や機構をどう作るかがそもそものコーポレート・ガバナンス論の問題提起であった。

　いま述べた問題提起は、株主の利益を経営者の独走からいかに守るかという点において、株主の立場に立った議論となっており、それはアングロ・アメリカ諸国に特徴的な論の立て方である。「企業を支配するのは誰か」および「企業は誰のために、どのように運営されるべきか」という

問いに対して、その立場からの答えは明快である。すなわち、企業を支配するのは株主であり、企業は株主の利益を極大化する方向で運営されなければならないとする。

ところが、現実は複雑であり、株主による一元的な統治の視点だけからこの問題にアプローチするのは不十分である。実際には、企業に対して直接的、間接的に利害関係をもつ個人もしくは集団は多岐にわたる。そのような各種の利害関係者をステイクホルダーと呼ぶ。具体的には、株主、経営者のほかに、従業員、顧客、労働組合、競業業者、同業者団体、金融機関、抗議グループなどである。今日の株式会社の経営システムはそのような様々なステイクホルダー間の利害のバランスの上に成立している。経営者の役割は各種のステイクホルダーに対して利益を供出する見返りに貢献を引き出し、組織の維持を図ることにある。そして経営者がどのステイクホルダーの利害をどのくらい勘案する傾向があるかは、企業とは何かという企業観と関わっており、国によってパターンがある。

コーポレート・ガバナンスに関する国際比較研究が明らかにするところによれば、イギリスとアメリカに代表されるアングロ・アメリカ諸国は、先に述べたとおり、企業は株主のものであるという意識が一般的であり、コーポレート・ガバナンスは株主の立場から経営者の恣意的な活動をいかにチェックするかという課題として問題にされる。

ドイツにおいては、企業は株主と従業員の二者の統治主体をもつという観念が強い。ドイツの大企業の監査役会は労資同数のメンバーによって構成され、そこでの決定と監督によって経営者は規制される。この平時におけるガバナンスを監視し、また補完するのが銀行である。

日本の場合は、企業は株主のものというよりも、経営者と従業員のものであるという認識が優勢である。その点ではドイツと類似している。また銀行がガバナンスに大きな役割を果たす点でもドイツと似た点がある。しかし日本の企業は欧米の企業と比較すると、企業間の取引関係が

長期継続的・協調的である。そこから日本企業の場合、アングロ・アメリカン諸国の株主一元的企業概念、ドイツの経営者と従業員の二元的企業概念とは異なり、複数のステイクホルダーから構成される複合的企業概念に立脚しているという考えかたが出てくる[4]。

さて、アングロ・アメリカ諸国における古典的なコーポレート・ガバナンスの問題が、経営者による所有者(＝株主)の権利の侵害をいかに防ぐかという問題意識に立っていたことはすでに述べた。逆にいえば、現代資本主義のもとでは、株式会社において経営者支配が否応なく進行するという現実があるからこそ、その社会的潮流にいかに抗するかが問題提起となりえたわけである。Berle and Means の問題提起が新鮮だったのは、株式会社を支配しているのが所有者である株主であるという「常識」の背後で、実際には経営者支配が広まりつつあるという事実を指摘したからであったと思われる。

ところが、20世紀の末以降、アメリカにおいては、「所有と経営の分離」ではなく、逆に「所有と経営の再結合」(丸川知雄 2002：4)とでも呼ぶべき現象があらわれるようになった。完全な経営者支配はありえず、株式会社を支配するのは所有者＝株主であることが現実のなかで示されるケースが出てきた。他方、日本においても、従来は経営者支配を確実にするために株式の持ち合いが一般的であったのが、1990年代の長期不況のなかで株の持ち合いを解消する動きが目立ってきた。つまり経営者支配を支えていた条件が崩壊し始めているのである。このように資本主義国家のなかには、「所有と経営の分離」による経営者支配の時代が過ぎ去り、次の段階に進む国も出てきた。

第3節　コーポレート・ガバナンスの中国的文脈

　さて、では中国の国有企業に関わってコーポレート・ガバナンスが問題であるというとき、そこでは何が問題とされているのだろうか。中国

に特有な問題はあるのだろうか。つまり、私有財産制に基づく市場経済の国家と中国の間で、コーポレート・ガバナンスに関して何が共通で、どこが中国特有の問題なのであろうか。

　繰り返しになるが、確認しておくと、1980年代は所有制度を変更せず、計画経済体制を基本枠で維持しながら、国有企業の経営者に経営自主権を与えていくという改革手法が採用された。しかし、松戸が指摘したように、それでは計画経済体制的感覚が払拭されないまま経営自主権が拡大しても、従業員への分配を多くするか、利益度外視の事業拡大路線に進むか、いずれにしても国有企業の経営状態が改善されない結果を生んだ。あるいは、第3章第5節で述べたように、計画価格と市場価格の差を利用して私腹を肥やす「官倒」に励む経営者も出てきた。それらの問題の原因は、国有企業の経営が行政から独立しておらず、赤字が発生しても国家によって補填されるため、国有企業の経営者に企業収益向上へのインセンティブが働かないところにあった。それを是正するためには、行政の企業経営への介入を遮断する法的担保を整備すると同時に、企業に対して損益自己責任の原則を貫かせることが必要である。産権改革とはその考えに立脚して打ち出された政策であったといえる。

　産権改革が進むにつれて、確かに経営の自主性は拡大した。国家は所有者としての地位に後退し、経営者にとって主管政府部門から独立して経営を行う余地が大きくなった。ところが、それにもかかわらず、国有企業の赤字体質は是正されなかった。つまり産権改革を行って「所有と経営の分離」を実行したからといって、それだけで経営効率が改善するわけではなかったのである。改善するどころか、経営者のなかに、所有者である政府の経営への非介入を利用して、私利追求行動に走る者が出てきた。インサイダー・コントロールによる国有資産の流出という問題であり、1990年代半ばには大きな社会問題になった。

　このように、所有と経営を分離し、法人財産権を確立し、経営者に対して経営自主権を与えたからといって、経営者が法人のために生産性を

上げようと経営努力をするとは限らない。自分自身の利益を考えるかもしれない。そこに中国の国有企業改革に関わってコーポレート・ガバナンスが問題にされる理由がある。

しかしながら、「所有と経営の分離」という条件のもとで経営者の所有者の利益侵害行動が起こるという問題自体は、実は中国だけの問題ではない。第2節で見たように、資本主義体制下において大規模な株式会社が発達している社会においては、どこでもその問題が生じるのである。そしてそれゆえに当該社会に固有な制度的装置が形成され、それを通じて経営者の行動に対するモニタリングが行われ、経営者の私利追求行動を起こさせないようにしているのである。

しかも一度形成されたコーポレート・ガバナンスの制度的仕組みも固定的なものではなく、常に変化している。それは完全なコーポレート・ガバナンスはありえないことを意味してもいる。

たとえば一つ例をあげよう。アメリカにおいてコーポレート・ガバナンス制度は、経営者に対して忠実義務や注意義務を課し、主として司法によってその行動をコントロールするのが主流であった。それが1970年代後半以降の自由放任主義的な風潮のなかで大きく変化する。変化の方向は、所有と経営の分離を解消すること、すなわち株式オプションなどによって所有者と経営者を一致させようとするものであった。コーポレート・ガバナンスを自己利益の追求という動機づけのみによって基礎づけようとしたのである。その結果、1980年代から経営者の報酬は急増し、社長と従業員の報酬格差は2000年には531倍にまで広がった。1990年代後半のアメリカ経済が繁栄を謳歌していたのはまだ記憶に新しい。ところが2001年に入って、「所有と経営の再結合」の破綻が露呈する。「所有と経営の再結合」型コーポレート・ガバナンスの模範例とみなされていたエンロンが大規模な粉飾決済を行っていたことが表面化し、倒産する。その後、次々に有名会社の粉飾決算が発覚し、大型倒産が続いたのである。この過程で利益を得たのは粉飾決済によって株価を吊り上げ、

破綻の直前に売り抜いて巨万の富を得た経営者である。他方で犠牲になったのは失業した従業員と倒産によって無価値になった株を所有していた株主であった。株主の利益を守るはずだった「所有と経営の再結合」型コーポレート・ガバナンスが、その狙いとは正反対の結果を招くことになったのである(岩井克人 2003：89-98)。

　つまり株式会社が存在するところには、経営者の私利追求行動が起こる可能性があるということである。それは中国の株式会社に改組された国有企業だけに起こる問題ではない。したがって、中国に特有なのは、経営者にインセンティブを与えるという側面を重視し、経営者の行動をモニタリングする制度的装置の構築をおろそかにしていた点にあると考えねばならない。それは中国が計画経済から市場経済への移行経済だということに由来する。つまり「所有と経営の分離」が改革の目標として規範的な意味をもったことで、それがもつマイナスの側面が見落とされてしまったのである。私有財産制に基づく市場経済の国では、「所有と経営の分離」という用語は、単に経営者支配という進展を客観的に描写したり、あるいは株主の権利を侵害する経営者支配のあり方を批判したりするときに使用される。規範的な意味をもって使用される中国とは落差がある[5]。

　産権改革を行って株式制企業を作ったこと自体に問題があるわけではない。経営者の私利追求行動というのは、株式会社一般が共通に有する問題であり、だからこそコーポレート・ガバナンス論の問題提起が意味をもったことは何度も述べたとおりである。株式会社が計画経済体制下の「単位」としての国有企業を改組して形成されたという、株式会社の形成のされ方から、中国特有の問題が生じている。かつての資本の供給源、経営者の供給源、関連企業や政府機関との関係、従業員とその「単位」組織特有の労務管理制度など、従来の国有企業の様々な経営資源や制度をある程度継承し、その条件のもとで産権改革という所有制度の改革を推し進めざるをえなかった[6]。しかもいま述べた経路依存性に加えて、「社

会主義」という体制的枠組みを維持するという条件が存在した。

　経路依存性のなかでも、所有者に曖昧さがつきまとっている点は、中国に特有の要素として重要である。中国の国有企業の所有者は「全民所有制」という正式名称が示すように全人民である。全人民の代理は国家である。したがって国有企業の所有者は国家であり、曖昧な点は何もないように思われるのであるが、現実には次のような構造が存在していた。

　計画経済体制下ですべての国有企業はなんらかの行政機関の管轄下におかれていた。そのこと自体に不思議はなく、国家が企業経営を行う際に、行政に担当部署が必要なのは当然である。問題はそこから先にある。企業に資源配分を行ったり、監督したりする行政機関が複数にわたっており、各個別の行政機関の企業に対する影響力行使の根拠が一義的ではなかったことが問題であった。企業を管轄する行政部門は5％程度が中央政府、残りの95％が地方政府の管轄であり、中央政府、地方政府ともに、実際に管轄するのはそれぞれの産業部門別の行政機関であったが、企業の事業活動にあたって関係する行政機関は中央、地方を問わず多岐にわたっていた（木崎翠 1995：45-67）。

　計画経済体制のもとでは、当該企業の「所有者」がいったい誰かという問題は起こらなかったが、国有企業改革の過程において所有と経営の分離という方針が打ち出されると、所有者を確定することが必要になった。特に国有企業を株式会社化し、国家が株主になる際、所有権行使の主体を一義的に確定する必要がある。しかし行政機関と企業の関係を所有権に基づいて再定義するのは困難であった。行政機関のどの部署がある特定企業の所有者としての権利を行使する主体になるかを調整することが難しいためであったと考えられる。さらに、それ以前に行政が関与する領域がきわめて広く、かつ行政の権力は絶対であったために、所有権が許容する範囲に行政を制限するという発想が薄かったと考えられる。そこから帰結するのは、①所有権の曖昧さが無責任体制を生み、企業経営者への監督機能が不全状態に陥る、②所有権が許容する範囲を越えて企

業への行政的介入が起こる、以上の二点であったと考えられる[7]。

第4節　産権改革とコーポレート・ガバナンス

　以上述べてきたような特徴をもつ国有企業の産権改革は、コーポレート・ガバナンスとの関わりでどのように論じられてきたのであろうか。

　極端な立場としては、市場経済化に反対する保守派の立場がある。計画経済の正当性を信じる人々は、市場経済化によって、金銭に対する欲望が社会に蔓延したからであると考える。その立場から見ると、金銭は人々の犯罪を促進するのである。したがって、改革の方向は、市場経済化とは逆の方向でなければならない。すなわち経済を計画的に運営するべきである。産権改革は、計画経済時代の産権を復活させる方向で行われるべきだというのが、保守派の考えである。

　もう一つの極にあるのが、腐敗も市場経済化のコストの一つだと容認する立場である。経済発展のためには市場を開放すべきであり、そのプロセスのなかで生まれる欲望の増大と腐敗はそのためのコストである。経済発展のためには腐敗を許容することが必要なだけでなく、計画経済を打破するためにそれを利用すべきだ、というのが腐敗容認論の立場である。

　この二つの極端な立場は、市場経済を腐敗の根源であるとみなす点で共通している。それに対して、経済学者は市場経済が欲望を刺激するシステムであることは認めるが、市場経済自体のなかに腐敗を生み出すメカニズムが存在することを否定する。問題なのは、欲望そのものではなく、欲望を生産活動への動機づけに変換する仕組みが欠如していることである。言い換えれば、制度の欠陥が問題なのである。

　どのような制度を作ればよいかについて、経済学者の間には複数の立場がある。まず企業の法人財産権と所有権が主導的な役割をもつと主張する立場がある。この立場は、株式所有者の権限と義務を明確にし、そ

れを前提にして株主の財産価値をいかに保証し、最大にするかを基本的な視点とする。そして株主の財産価値を最大化するために、株主が有能な経営者をいかに選択し、かつまたコントロールするかを重視する。張維迎はこの立場に属する代表的論者の一人であるが、残余請求権[8]をもつ主体が経営者を選ぶこと以外の方法では、適切な経営者を選択できないという理由により、最終的に国有企業は私有化によってしか経営改善されないと主張している。産権改革によって残余請求権と残余コントロール権が経営者に与えられたのに、経営者を選ぶ権限は依然として政府にあるからである(張維迎1999)。

第二に市場メカニズムの決定的役割を強調する立場がある。この立場は、企業内部のガバナンス構造も重要であるが、さらに重要なのは、十分な情報と競争を有する市場メカニズムを形成することである。林毅夫はこの立場に属する代表的論者の一人であるが、企業自主権の単なる拡大策を唱える立場にも、国有企業を私有化することを主張する立場にも、等しく反対する。経営自主権の拡大の主張に対しては、不平等な競争条件のもとで企業の自主権が大きくなればなるほど経営者と所有者とのインセンティブの違いからくる矛盾が増幅し、経営者が国有資産とその生産譲与を侵害する可能性が高くなると反論する。他方、国有企業を私有化する主張に対しては、①国有企業が非効率的であることを立証するデータはないこと、②委託－代理問題[9]が存在する状況下では、いかなる所有制のもとでも経営者が所有者権益を侵害する問題があること、以上を根拠に反論する。重要なことは、企業に対する外部の公平な競争市場の存在を前提として、言い換えれば、所有者が市場を通じて経営者を間接的にコントロールする制度を前提として、有効な企業内部のガバナンス機構が形成されるということである(林毅夫・蔡昉・李周1998=1999)。

第三に利害関係者の相互制約作用やその制度化を重視する立場がある。これはコーポレート・ガバナンスに関わる利害関係者が、特定の主

体に一方的な負担を押しつけない仕方で共存を図るために最適な制度システムを構築することを重視する。この立場は所有権か、市場かという立場はとらない。どちらの重要性も認める現実路線をとる。呉敬璉はこの立場に属する論者の一人であるが、産権改革後株式会社に改組された国有企業の経営効率が改善されず、有効なコーポレート・ガバナンスも構築されていないことを指摘した上で、現行のコーポレート・ガバナンスにはどのような欠陥があるのか、また健全なコーポレート・ガバナンスを構築するためには何をなすべきなのかを述べている。欠陥は、①行政の企業経営への干渉、②「新三会」と「老三会」[10]の併存による権力機構の重複、③インサイダー・コントロール、④経営者に対するインセンティブの欠如、である。対策はいま述べた欠陥を是正すると同時に、公正な証券市場を利用してコーポレート・ガバナンスを強化することであると主張する(陳清泰・呉敬璉・謝伏瞻編 1999：9-17)。

以上、三つの立場を見てきたが、経済学的コーポレート・ガバナンス論は、結局のところ、市場を重視する立場と、所有権を重視する立場の両極に割れている。論者によって主張の中身は多様であるが、市場と財産権のどちらにどのくらいのウェイトをかけるかの差である。たとえば樊綱は、所有権を改革したからといって企業が必ずよくなるわけではないことを認めながらも、所有権の改革抜きで国有企業改革の効果を上げることはできないと主張している。どちらかというと財産権重視派である(樊綱 2003)。また任雲は舌鋒鋭く市場重視派を批判しており、ある意味で張以上の財産権重視派といえるが、社会的処方箋に関しては張とは異なり、銀行中心のコーポレート・ガバナンスを提案している(任雲 2002)。

経済学という学問自体が政策策定に近い位置にあることもあり、微妙な政治的思惑が主張に投影されているように思われる[11]。言い換えれば、一種の「当事者性」とでもいうべき要素が見え隠れしている印象を受ける。そこで次に「当事者性」から自由で、かつ上述の議論を踏まえた上で、

国有企業の産権改革とコーポレート・ガバナンスについて論じている日本の論者を取り上げたいと思う。とくにインサイダー・コントロールに伴う国有資産の流出のような問題を防止するためにはどのようなコーポレート・ガバナンスが必要と考えているかに注目したい。

第5節　インサイダー・コントロールとコーポレート・ガバナンス

　ここで取り上げるのは、この問題に対して発言している日本の代表的論者である上原一慶と今井健一の論考である。
　上原は現代企業制度の確立という1990年代の改革構想の内容と1990年代半ばまでの改革の成果を踏まえた上で、その所有制構造を改革するという構想を批判する論者の諸説を検討している（上原一慶1998）。以下、上原の主張のポイントを示す。
　上原は批判的言説をその理論的根拠に着目して、原理主義型批判、市場重視型批判、コーポレート・ガバナンス重視型批判の三つに分類する。
　原理主義型批判とは、「社会主義＝公有制」という伝統的社会主義理論の立場から、大型国有企業の株式会社化や小型国有企業の民有化を推進することを放任すれば私有化をもたらす可能性があるとして批判する見解である。この立場の論者は、企業主導グループの能力が向上すれば、国有企業が市場競争に参入し、経営効率の向上が可能であると考える。
　市場重視型批判は、市場が未発達という条件のもとでの所有権と経営権の分離は、経営権による所有権侵犯と国有資産の流出を誘発し、ソフトな予算制約下で国有企業の経営効率の低下をもたらしたとする見解である。問題は所有権と経営権の分離の不徹底にあるのではなく、市場が未発達なために所有権と経営権が分離された状況下で企業の経営を監督するコストが高いことにある。したがって、十分に競争的な製品・要素市場、十分に競争的な経営者市場、十分に競争的な株式取引市場を形成することが必要であるとされる。

コーポレート・ガバナンス重視型批判は、経営者に対する所有者の監督を重視する立場である。国家所有者が企業内で所有者職能を行使する前に、所有権と経営権の分離が進み、経営者の権限を拡大したことが、国有資産流出問題を引き起こしたという認識(この点の認識は市場重視型批判と共通である)に基づいて、財産権の明晰化と行政と企業の分離の徹底、高級管理者が国有資産の代理者、董事長、社長を兼ねることを禁止する等の内部制約の強調、公正で競争的な市場環境の形成などが必要であると説く。

上原によれば、原理主義型批判の難点は、国有企業という条件のもとで、企業指導グループが所有者としての国家からの政治的介入を受ける可能性が大きいことを認識していない点にある。市場重視型批判に対しては、中国における国家所有の現実を見損なっていることで主張が一面的になっていると批判する。コーポレート・ガバナンス重視型批判に対しては、その主張は説得的であるとするが、そこから出てくる処方箋に関しては、市場経済への移行期においてそれが有効に機能するかどうかは疑問であるとする。

所有権の構造改革に関する上原の立場はコーポレート・ガバナンス重視型批判に近い。ただし移行期のコーポレート・ガバナンスを具体化する必要性を強調する。コーポレート・ガバナンスの具体化について、上原は青木昌彦(1995a)を引きながら、国有銀行が財務困難な企業を常に救済する傾向を弱めるようなメカニズムの導入を例としてあげている(上原 1998：78)。

国有企業のコーポレート・ガバナンス問題の焦点が、所有制度とガバナンスの効率性の関係であるという立場から、資本の公的所有のもとで効率的なガバナンスを実現することが果たして可能かを、1990年代の変化の激しい社会経済環境の実態を踏まえながら論じたのが今井健一である(今井健一 2000a)。今井によれば、この問題をめぐっては二つの立場がある。一つは、所有制度とガバナンスの効率の関係を否定する立場であ

り、もう一つは公有制を非効率の根源と見て全面的な私有化を主張する立場である。前者は、上原のいう市場重視型批判の立場であり、後者は株主主体の新古典派的な立場である。

今井の結論は、大多数の中小型国有企業の場合には私有化を通じた所有と経営の一致が経営効率の向上には最も有効であり、他方、大型国有企業の場合には、私有化を最終目標としながらも、当分の間は資本市場によるガバナンスが機能することを期待できないので、従業員集団による経営の内部モニタリングを通じた内部ガバナンスの強化が不可欠である、というものである。今井はこのような自分の立場を漸進主義と呼んでいる。

今井によれば、株式制への転換と混合所有化はなかなか進まず、多数の株主によるガバナンスは実現していない。その結果生じたガバナンスの空白に乗じて国有企業のインサイダー・コントロール化が進んだ。インサイダー・コントロールという概念は、経営者・従業員による株主の権利侵害という負の現象を指す[12]。しかし今井の指摘するところによれば、1990年代に入って市場競争が激しくなり、また金融改革による予算制約のハード化が進展するとともに、インサイダー・コントロールがむしろ経営の効率化に貢献するケースが見られるようになった。しかし、経営者報酬の非制度化や経営継承の困難などの欠陥を抱えている点にその限界があるとする。

以上、上原と今井の議論を見てきた。両氏の所論を比較しながら、国有企業の所有制度の改革を分析する際の論点を整理しよう。

繰り返すまでもなく、両氏ともに1990年代後半の国有企業の改革を、市場経済への移行期に位置する中国において、所有権の改革を進めることが、コーポレート・ガバナンスの効率向上につながるのかどうかという視点から分析している。両氏に共通するのは、大型国有企業については所有権改革によって所有と経営を分離することが、企業経営に対する政府の介入を遮断し、経営効率の向上につながる道であるという視点で

ある。したがって、大型国有企業の株式会社化に社会主義公有制からの逸脱として反対する立場には批判的である。またそれとは全く逆の立場、すなわち所有制を抜本的に改革し、公有制から全面的な私的所有制へと移行しなければ、結局、企業経営の効率化は達成されないという立場にも同様に批判的であると思われる。両氏にとって問題は、所有制度の改革によって政府が所有者としての位置に退き、企業経営者が経営の実権を握ったとして、市場経済が十分には発達していない状況下において、その企業経営者に経営効率を向上させようとするインセンティブが実際に有効に働き、その結果企業の収益が上がるのかどうか、ということである。先にも指摘したが、所有制の改革のなかで現実に起こったのは、国有企業のインサイダー・コントロールという、株主の権利を侵害する現象であった。

では、両氏は改革過程で出現したインサイダー・コントロールをどのように評価しているだろうか。所有者たる国家の監督の行き届かないところで、機会主義的な行為に走る経営者が存在することをマイナスであると考える点では一致している。しかし、そこから先の評価に関しては、両氏の間にニュアンスの差がある。

インサイダー・コントロールに対する上原と今井の見解の相違は、市場経済への移行が進む中国において政府の役割をどう考えるかという問題に対する立場の相違と見ることができる。あえて単純化していえば、上原が市場メカニズムを通しての監督強化を強調するのに対して、今井は漸進主義的な立場から政府の役割に期待しているといえよう。

今井が着目するのは、1990年中頃以降、市場での競争が激化するにつれて、有力国有企業の中に経営効率化に努力する有能な経営者が出現していることである。つまり、今井は「厳しい市場競争は経営者の機会主義的行動に一定の制約を課す」(今井 2000a: 200)と考える。その視点は、政府の国有資産の「授権経営」[13]という政策を評価する姿勢へとつながっていく。「授権経営」とは、内部ガバナンスを強化する目的のために、政

府が有力国有企業のインサイダー・コントロールを事実上容認し、制度化する動きである。今井は、資本の国家所有という枠のなかで効率的なガバナンスを実現できる可能性をそこに見ているのである。

それに対して、上原は国有企業のインサイダー・コントロールが、党による企業への介入を引き起こしている点に注意を払っている。党組織による企業の人事管理強化と経営参加を規定した1997年の共産党の方針が、党という企業外部の機関がインサイダーによる所有権の侵害行為をチェックする狙いをもっていることを認めた上で、上原はそれに疑問を呈する。上原によれば、企業の党組織は外部者ではなく、それ自体がインサイダーである。したがって、企業党組織の企業に対する監督強化という方針は、実際には「党が経営陣と一体化し、所有権の侵害をいっそう推し進めることを促進する」（上原 1998：80）と断じている。インサイダー・コントロールに対する上原の処方箋は、所有と経営を徹底的に分離した上で、公平で競争的な市場を形成し、株主・銀行など企業外部者によって経営を監督する仕組みを強化するというものである。

要約しよう。産権改革によって所有と経営の分離を図ることは、企業経営の自主性を確立し、経営の効率化に貢献しうるが、同時にインサイダー・コントロール問題も生じうる。言い換えれば、所有制度を改革したからといって、自動的に経営の効率が改善するとは限らない。つまり、経営に対する政府の関与がありすぎることは問題であるが、反対に移行経済という状況下では所有者としての政府の関与がなさすぎることもまた問題である。では、企業と政府のどのような関係を構築することが望ましいか。既述したように、上原が市場を介してのガバナンスを重視するのに対し、今井は現状では政府の一定の役割を認める。ただし今井が想定している政府の役割とは、有能な経営者を選択し、経営権を授与するという間接的な役割である。つまり政府の役割を評価する今井にしても市場を介してのガバナンスを基本と考えていることに変わりはないといえよう。

第6節　産権改革と地方における政府・企業間関係

　中国国内における経済学的コーポレート・ガバナンス論は、市場を重視する立場と、所有権を重視する立場の両極に割れていた。日本における議論は、市場メカニズムを基本に据えながらも、市場経済への過渡期において政府の役割をどのように評価するかで差があった。では、どの視点がより現実を正確に捉えているだろうか。あるいはそれらが見落としている側面はないのだろうか。

　ここで改めて国有企業の何が問題なのかを考えてみよう。国有企業改革の目的は経営改善にある。問題なのは経営者を適切に選択することができない、ということである。産権改革はそれ自体が目的なのではない。企業を誰が所有していても、有能で倫理感の高い経営者が経営にあたれば問題はない。丸川知雄も指摘するように、「問題は経営者が経営改善を怠っていたり、私利を優先していたり、能力が十分ではないときである。そのときこそ所有者が役割を果たすべきだが、所有者が分散していて経営者に対する影響が弱い場合や政府が所有者である場合には、役割を十分に果たさないこと」(丸川知雄編 20002：13)が問題なのである。

　産権改革をしても、有効なコーポレート・ガバナンスが機能していなければ、私利追求に走る経営者が出てくる。あるいは私利追求に走らなくても、経営手腕に欠ける経営者を野放しにしておくようであれば、産権改革をしても意味はなかったことになるが、そういう事態が往々にして起こるのである。つまり所有者が国家である場合、所有者の利害を追求する行為になかなか至らない。動機づけが弱いからである。

　では民有化すればこの問題は解決するか。答えは否定的である。「もともと企業を誰がいかなる割合で所有しているかによって企業の業績が決定されるわけではない」(丸川編 2002：13)し、大規模な会社であれば民有化しても経営者による所有者の利益の侵害が起こる。

国家が所有者であるからといって、企業経営の改善に全く関心がないわけではない。逆に税を通じて国有企業の利益に関係するので、企業業績に無関心ではありえない。しかし、委託－代理関係の階層が長く、企業を監視するエージェンシー・コストが高くつくから企業に利潤をあげさせようとする動機づけが弱いのである。

　エージェンシー・コストを軽減するためには、委託－代理関係の階層を短くすればよい。そのための方策の一つが地方分権化である。地方分権化によって、地方政府が中央政府と国有企業の間を媒介するエージェントであることをやめ、それ自身が委託者になればよい。それによって企業改善に関心をもつし、エージェンシー・コストも低くなるので、企業を監視しようとする動機づけも強くなる。

　このように地方政府という存在がここでクローズアップされてくるのであるが、コーポレート・ガバナンス論で地方政府の問題はあまり議論されていない。産権改革に関わって政府と企業の間にどのような関係が構築されるかという問題に関して、これまでの議論のなかで政府として暗黙のうちに想定されているのは、加藤弘之が指摘するように、中央政府である(加藤弘之 1997：107)。しかし木崎翠や郝仁平が指摘しているように、国有企業を管理している政府の95％は地方政府である(木崎翠 1995：51；郝仁平 1999：24)。したがって国有企業の改革における政府・企業間関係の問題は、地方政府と中央政府の間の関係、および地方政府とそれが管轄する国有企業との関係という二重の関係を考慮して把握されなければならない。地方政府を独立した主体として分析の視野のなかに入れて考察することが必要なのである。1990年代の国有企業の会社化と政府の役割を分析した曹瑞林も、その論文の最後で地方政府の役割の重要性について触れ、その方面の研究が十分でないことを指摘している(曹瑞林 2000：32)。

　もっとも改革開放政策以降の中央・地方関係については、すでに多くの研究が行われてきた。中央・地方関係に関する研究の中心的な論点の

一つは、自立化する地方政府の問題である。1980年代に進んだ中央政府の地方分権化政策(＝放権譲利)は、地方政府の地域開発政策遂行における自由度を拡大した。自発的な地域開発政策を推進し、地域経済を成長させることに成功する地方が出現するにつれて、地方は「自分自身の決定メカニズムをもち、自分自身が主体的、実質的な意志決定をする傾向」(天児慧 2000：24)を持ち始める。その結果、1980年代後半から1990年代前半にかけて、経済発展の戦略をめぐって中央と地方の間の矛盾・対立が激化する。自らの利益の擁護を第一に考える地方保護主義[14]的傾向が強まり、中央・地方間の対立だけでなく、地方・地方間の対立も発生した[15]。いわゆる諸侯経済と呼ばれる現象である。これに対して中央政府は1994年以降、分税制への切り替えを内容とする税制改革と地方指導部人事の交代などを通して、中央主導で中央・地方関係の再調整を試みている(天児 2000：28-31；呉国光 2000：46-58)。

このように、中央・地方関係の変遷のなかで地方政府は主体的な意思決定の志向を強めたわけだが、そのことが国有企業の改革にとってどのような意味をもっただろうか。第3節で述べたように、国有企業は全人民が所有する企業であり、形式的には全人民の委託を受けた中央政府の国務院が所有権をもっている。しかし実際には産業部門別に国有企業の管轄行政機関は異なっており、さらに1980年代以降は地方分権化の過程のなかで国有企業の地方政府への移管が進んだため、各級地方政府の関係行政機関が国有企業の監督の業務に携わることになった。その結果、地方政府は国有企業の所有者たる中央政府を代行して地方の国有企業を管理しているはずであるが、自分が管轄する国有企業の事実上の所有者として振る舞うという事態が広汎に生じることになった。

他方、地方分権化の一環として実施された財政改革によって、地方政府には財政上の自主権と固定資産投資の審査・認可権が与えられた。それよって地方政府が地域の経済的発展のためにそれ自身が一個の経済主体として行為する傾向が生まれた。その一環として、管轄する国有企業

の経営に関与し、事業の拡大を行政的に支援する傾向が生じ、結果として地方政府と国有企業の関係はより密接なものになったのである。地方政府は投資主体として自らの財政収入を最大化できる分野に投資を集中使用とする強い動機をもち、地域の経済成長に貢献し、税収を増やし、就業機会を創出する企業には、様々な援助を与えるようになった（愛知学泉大学経営研究所ほか編 1995：58-83）。1980年代における国有企業改革の方針は経営請負制を導入することによって「経営自主権」を拡大することであったが、地方の国有企業においては、むしろそれとは逆に地方政府と地方政府管轄の国有企業との間に、強固な関係が生まれる素地が形成されていたといえよう。

　地方政府と国有企業の間のこのような密接な関係は、地方政府がリスクを負わず、赤字が出れば国に頼るという依存的な行動様式が払拭されていない条件下においては、放漫経営の温床を形成した。たとえば、地方政府が国有銀行の支店に赤字国有企業への融資を働きかけることが広く行われていることを、丸川が指摘している（丸川 1996a：34）。それは銀行の不良債権問題が地域に深く根を張っていることを物語るものである。

　丸川は同じ論文のなかで、所有権制度の改革による現代企業制度の確立という方針が、地方政府による国有企業への介入を遮断する狙いを持っていたことを指摘している（丸川 1996a：35）。地方政府が、管轄している国有企業を事実上所有していることに法的な根拠はない。そこで国有資産の所有権を中央政府だけがもっていること、および法人財産権を設定することによって企業経営者に経営自主権を保証するとともに経営責任も負わせること、以上を明確化するのが現代企業制度の目的であった。それによって、地方政府と地方国有企業の「癒着」から生まれる無謀な投資拡大が規制されることになる。ではこの中央政府による改革が目的を達成することができるかどうかであるが、1996年の段階では丸川はそれについて消極的な見通しを示している。その点に関しては、地方政

府と地方国有企業の間に密接な関係が生まれうることで、国有企業の改革が壁にぶつかっている状況を分析する郝仁平も同じ意見である。郝によれば、地方政府と国有企業の密接な関係は国有企業の株式会社化によっては解消しえないものである(郝仁平 1999：35-43)。木崎も同様の点を指摘している。すなわち、国有企業の外部にあって国有企業の意思決定を実質的に支配していたのは、地方政府に代表される各行政機関であった。しかし行政部門はそもそも私的私有経済において想定される「所有者」としての立場を有する主体ではなかったので、「所有権」の「経営権」への不可侵を制度化することによって、行政部門による企業への干渉を減少させることは多くは期待できない(木崎 1995：65-66)。

　地方政府と国有企業の密接な関係を「癒着」と考える立場からは、その関係を批判的に見る視点が当然出てくるが、はたしてその認識は妥当であろうか。地方政府が銀行に圧力をかけ、管轄する国有企業の事業拡大に融資させるのは、もしもその投資が企業経営の改善を目的としないものであれば「癒着」として批判すべきであるが、企業経営の改善につながるものであるのならば、それは地方政府が国有企業の経営の改善にきわめて強い利害関心をもち、事実上所有者としての立場から企業経営をモニタリングしているという見方も成り立つ。

　どちらの見方が妥当なのだろうか。その判断をするためには、演繹的研究手法だけで限界がある。現実に起こっていることがどのようなことかを、調査によって確かめる手法が必要になってくる。そこで次章では政府の役割に関して再考を迫る事例をピックアップしたい。取り上げる事例は所有権の改革における地方政府と企業の関係についての事例である。そこから産権改革に伴う企業と政府の関係に関する新たな論点を浮かび上がらせたい。

　［注］
  1　本章は徐(2003)に基づき、加筆・修正したものである。
  2　株式会社化後の国有企業の株式所有構成であるが、最大株主は政府であ

る。国家株と国有法人株をあわせた国有株は全株式の6割を越える。なお国有株は非流通株、すなわち株式市場において売買されない株である(王東明 2002：76)。

3 以下の記述は、加藤秀樹ほか(1995)、および植竹晃久(1999)に基づく。

4 国際比較のなかで、各国のコーポレート・ガバナンスをどのように位置づけるかについては、論者によって見方が異なる。たとえば、先にあげた加藤と植竹も見解に差がある。加藤はドイツと日本を同じグループと考えるのに対し、植竹は日本とドイツの間に差異を見ている。植竹と同じく日本を多元的主義的モデルであると捉えるのが稲上毅(2000)であるが、それに対して「建前は株主主権、現実は従業員主権」と把握するべきだと主張するのが伊丹敬之(2000)である。

5 丸川知雄編(2002：4)と21世紀政策研究所(2001：32)は同じような指摘を行っている。

6 中国の国有企業改革の特徴として、経路依存性に言及しているのが、川井伸一(2003：6)である。

7 1992年当時、経済政策の実質的指導者であった朱鎔基は、企業経営メカニズム転換条例の制定に関するいくつかの問題を論じた際、国有企業について、計画・投資・財政・税・金融・商業・対外貿易・生産財・労働・人事などの現行システムを改革し、企業の自主権を真に保障したとき、国の所有権がどのように実現されるかについて、四つの意見があることを指摘している。第一に国有資産局が国を代表して、企業に対して所有権を行使するという意見。第二に各産業主管官庁あるいは企業グループ本社が、国を代表して、所有権を行使するという意見。第三に国家投資公司を設立して国を代表させ、企業の「持ち主」として所有権を行使するという意見。第四に各産業主管官庁が企業の取締役会等の一つの機関に委託して、所有権を行使させるという意見、以上である。なお朱鎔基はどれが正解であるかについては述べていない(小島麗逸・石原享一編 1994：165)。最高意思決定者のレベルにおいても、国有企業の所有者が誰かについて確定された見解がその時点でなかったことを示している。

8 残余請求権とは、資産から得られる収益のうち、法律や契約で定められた支払いを行った残余をすべて請求・獲得できる権利を指す。残余コントロール権とは、資産の使用に関する、法律や契約で定められたこと以外のすべてについての決定権を指す。この両者をもつ者が資産の所有者であり、残余請求権と残余コントロール権は資産に対する所有権を構成する要素である。なお「残余」とは「法律や契約で決められていない」という意味である。

9 補足的に説明しておこう。委託－代理問題とは、仕事の委託者(プリンシパル)が代理人(エージェント)に契約によって仕事を委託したとき、情報の非対称、インセンティブの相違、責任の不平等などによって、委託者の

利益に反する行動を代理人がとることを意味する。一般に委託ー代理の階層が多くなると、監督効率が低くなるので、代理人は委託者の意向に反した機会主義的行動をとりやすくなる。国有企業の所有者と経営者の関係は、基本的に委託ー代理問題だというのが林毅夫の主張である。彼によれば、大型企業である限り、それが公有制であろうと私有制であろうと、委託ー代理問題を回避することはできない。インセンティブの相違と責任の不平等を解決するためには、競争的市場を通じて十分な情報を作り出し、所有者と経営者間の情報の非対称を減じることが必要だと林毅夫は主張する。

10 「新三会」とは産権改革以後の株式会社化後の国有企業の執行機関であり、具体的には株主総会、理事会、監事会である。「老三会」とは産権改革以前の執行機関であり、具体的には党委会、労働組合、労働者代表大会である。

11 たとえば林毅夫の市場メカニズムの役割を最重視する主張は、公有制を維持したままで国有企業の経営を改善することができるという政治的立場を学問的に裏づけているのではないかという指摘もある(21世紀政策研究所 2001：40)。

12 すでに述べたように、インサイダー・コントロール問題を取り上げたのは青木昌彦である(青木昌彦 1995a：153-189)。なお、企業にとって「外部者」および「内部者」とは誰かについては諸説あるが、本書においては「内部者」を企業経営者・従業員、「外部者」を政府機関関係者と想定している。

13 国有資産の「授権経営」とは、企業集団内部で緊密な関係をもつ企業に対する国家の持ち分を当該企業の中核企業にもたせることを通して、企業集団の中核企業に事実上の所有者としての権限と地位を与えることを意味する。今井健一によれば、その概念は特定の権限の委任を意味するというより、かなり大幅な裁量権を委任する行為を意味する(今井健一 2000a：220)。

14 地方保護主義の定義については、磯部靖が行っている定義に依拠する。磯部によれば、地方保護主義とは、「中央で決定された政策が、地方レベルにおいてさまざまな抵抗に遭い、必ずしも十分に執行されない状況」(磯部靖 2000：121)を指す。

15 1980年代に推進される中央政府の地方分権化政策とそれが生み出した中央・地方間の対立、地方保護主義等については、天児慧がコンパクトにまとめている(天児慧 1998a：78-92; 2000：18-28)。

第5章　産権改革過程の事例研究

はじめに

　本章の目的は、四川省の地方都市の国有企業改革を事例として、中国国有企業の改革過程の実像を明らかにすることである。

　1990年代の国有企業の改革過程の中核部分は産権改革である。すなわち国有企業の財産権を確立し、所有と経営を分離することである。産権改革の目的は、いうまでもなく、国有企業の所有と経営を分離することで、国有企業の企業経営者に対して経営改善へのインセンティブを与えるような所有構造に転換し、その結果として不採算体質が常態化していた国有企業を、利益を生み出す企業に作り変えていくことである。この産権改革のうちには、所有権の制度改革を行っても経営体質の改善が見込めないような国有企業は倒産させるという方針が含まれる[1]。

　ここでは、この産権改革の過程に焦点をあてるが、その際、第一に産権改革がどのように行われたか、第二に産権改革のなかで企業と政府の関係がどのように変化したか、第三に産権改革の結果、企業の経営を管理するメカニズムがどのように形成されたか、以上三点に留意しながら分析を加えていきたい。

第1節　四川省の産権改革

　事例研究に入る前に、四川省の産権改革の状況について、既存の研究に依りながら概観しておきたい。

　國谷知史は、地方レベルにおいて経営メカニズム転換条例（1992年公布）がどのように実現されていったかについての分析のなかで、1990年代における四川省の産権改革の進展状況に触れている。國谷によれば、1980年代末から1990年代初頭にかけて、四川省において国有企業に経営自主権を与えようとする改革は進展していなかった。その背後で地方政府管轄の国有企業の経営状態の悪化が進行し、改革への圧力が増すことになった。中央レベルでの1992年の国有企業経営メカニズム転換条例の公布を受けて、四川省も国有企業改革に本腰を入れることになり、1993年2月に四川省全人民所有制工業企業経営メカニズム転換実施弁法を公布した。同年7月には中共四川省委員会と四川省人民政府は、成都など6都市から22の企業を選定し、企業新体制建設の実験を開始した。1年後、法人財産権の整理は順調に行われ、その上で22企業中19企業が株式制度への改組を行った（國谷知史 1997：18-22）。

　國谷の関心は改革によって地方政府・企業間関係がどのような変化を蒙るかにはなく、中央での法の制定が地方においては普遍的に実施されるのではなく、対象を選択しながら実験的に試行されることを明らかにすることにある。企業改革に関わる法令が厳格に適用されるのではなく、地方の様々な条件にあわせて実験的に適用されていくこと、言い換えれば国有企業改革のプロセスにおいて「法の一般性」が欠如していることが明らかにされている。

　四川省の産権改革についての丸川知雄の研究によれば、四川省における国有企業の民営化は1991年に宜賓県で始まった。これは中央政府によって経営メカニズム転換条例が公布されるより早い。宜賓県は四川省のなかでも貧しい地域であり、県に所属する国有企業の経営は悪化して

いた。国有企業の経営の悪化は県の財政危機をもたらした。そのために、県はそれに対する危機感から国有企業の民営化に踏み切り、1996年までに所属するすべての国有企業66社の所有権を改革した。宜賓県の成功事例をモデルに、四川省政府は省内全域で改革を行い始める。1999年までに郷レベル以上の中小公有企業4万3,700社の88％が各種の改革を行った。その内訳は、①有限会社化33％、②株式会社化1％、③売却14％、④株式合作制11％、⑤合併7％、⑥破産7％、⑦リース9％、⑧請負7％、⑨横向連合[2]5％、その他6％である。改革の結果、財政収入が増加し、企業経営が改善した（丸川知雄2000：1-3）。

　宜賓県の改革については、今井健一も触れている。今井によれば、1991年時点で県所轄の国有企業66社のうち7割以上が赤字に陥っており、年間赤字額は県の年間歳入を上回る4,000万円に達していた。最大の税源である国有企業の収益悪化は県財政にとって致命的な打撃であり、県は国有企業の産権改革、具体的には売却＝民営化に踏み切らざるをえなかった（今井健一2002a：19）。

　宜賓県における国有企業の民営化は、上級行政単位である宜賓市の正式な許可なく行われた。それだけ切迫していたからであるともいえるが、上級行政機関の暗黙の同意があった。四川省政府は宜賓県のような自発的な民営化の動きを静観する構えをとったが、改革の成果を見て、省政府のレベルで国有企業の民営化が容認され、四川省全体に拡大することになった。1994年に第一回四川省国有中小企業改革会議が開催され、県所轄の国有企業の改革を進めることが決定された。さらに1995年には1997年までの3年以内に改革を完了する方針が決定された。戦略分野以外の業種から政府資本の退出を促進する必要性を強調した第15期三中全会（1999年）の決定に基づいて、2001年から2005年までの5年間で大幅な国有企業の整理を進める「国有企業退出計画」を2001年3月に策定した（今井2002a：20）。

　このような四川省の国有企業改革のなかで産権改革がどのように進め

られ、どのような特徴をもっていたかについて、筆者自身の調査に基づいて次に見ていきたい。取り上げるのは、合川市である。

第2節　合川市の概況

　合川市は、長江の支流に面し、四川省の重慶大都市圏に属する人口約150万人の市である。表5-1に1950年から1996年までの人口の変遷を示した。表5-1に示されているように、150万人の人口のうち約138万人が農村人口なので、人口150万人の大都市というわけではない。12人万程度の都市部の周囲に138万人を含む広大な農村が広がり、両者がまとまって一つの行政区を形成していると考えた方がより実態にあっている。1998年6月から重慶市の行政区となった。表5-2にあるように、1990年代は都市人口の約3割が国有企業または集団企業で働く労働者である[3]。

　第2章で述べたように、1995年に中央政府は「抓大放小」という方針を打ち出した。中国の各地域で国有企業を対象とした産権制度の改革を推進し始めるが、合川市人民政府も90年代半ばから中央政府の方針に基づいて国有企業の改革を遂行した。4年間の改革の過程において、すべての国有企業が所有制の改革を行った。そのなかで倒産させられた国有企業もあるし、また少なからぬ数の労働者がレイオフされた。レイオフされた労働者の数は、再就職センターに登録した分だけで5,000人にのぼる。1996年時点での合川市の国有企業の総人員数は20,065人なので、少なくとも約25％の労働者が改革の過程で職を追われたことになる。このように合川市は1990年代後半に国有企業改革という激震に見舞われた地域である。

　合川市を調査対象地として選定したのは、第一に合川市が四川省の重慶大都市圏に属していることによる。後で述べるように、四川省は中小型国有企業の産権改革が全国に先駆けて進展した地域である。改革開放政策の最初の局面である農村改革も四川省で始まったように、四川省は

表5-1　合川市の人口構成の推移

単位：万人

年　度	人口総数	都市人口	農村人口	都市人口比率
1950	90.1	10.4	79.7	11.5%
1955	99.6	10.5	89.1	10.5%
1960	102.1	16.2	85.9	15.9%
1965	105.0	10.1	94.8	9.6%
1970	123.7	11.3	112.4	9.1%
1975	139.0	11.2	127.7	8.1%
1980	139.3	13.1	126.2	9.4%
1985	142.2	15.8	126.5	11.1%
1994	148.7	18.3	130.4	12.3%
1995	149.1	18.8	130.2	12.6%
1996	150.0	19.2	130.8	12.8%

出典：合川市統計局編『合川統計年鑑』1996年版より作成。

表5-2　合川市の労働者数（年末数）

単位：万人

年　度	都　市人口a	国有経済労働者数b	集団経済労働者数c	(b+c)/a %
1993	-	3.96	2.3	
1994	18.3	3.94	1.7	30.8%
1995	18.8	3.96	1.8	30.6%
1996	19.2	4.00	1.8	30.2%

出典：表5-1に同じ。

いわば改革先進的である。第二に調査に対して市政府の幹部の協力が得られたという学問外的事情である[4]。第三に国有企業に関して合川市が全国的に見てごく平均的な都市だということである。合川市は、従業員が数万に及ぶ巨大な国有企業がそれだけで一つの独立した都市を形成しているような都市ではないし、中央政府によって国有企業改革のモデル都市に指定され、手厚い庇護を受けている都市でもない。合川市は、社会学の古典であるリンド夫妻の著書にちなんでいえば、中国の「ミドル・

タウン」である。

　合川市が中国の平均的な都市であることから、政府と企業の関係を観察する上でも、合川市は国有企業の改革を調査する地点としてメリットがあると考えられる。政府と国有企業の関係という場合、往々にして中央政府と国有企業の関係をイメージすることが多いが、第4章で指摘したように、実は多くの国有企業は地方政府の管轄下にある。繰り返しになるが、地方政府は複数の級に階層化されており、国有企業によって管轄する地方政府の級も異なる。中国は制度的には中央集権体制であるが、中央政府の指令が中国全土の隅々にまで届くわけではなく、程度の差はあれ地方政府の政策は独自性をもっている。この事実上の分権体質は長期にわたり歴史的に形成されたものであると思われるが、毛沢東治世下においては抑制されていた。しかし「放権譲利」の方針が改革開放政策の柱の一つになったことによって、それは復活・拡大して今日に至っている。国有企業の改革においても、その国有企業がどの地方政府によって管理されているかによって、中央政府の方針は屈折して実行されたと予想される。合川市の産権改革の過程を調査することで、その一つの断面を観察することができるだろう。

　調査は1998年8月と1999年3月の2回にわたり筆者単独で行った。合川市人民政府経済委員会の協力を得て、経済委員会が管轄する36の国有企業のうち、七つの国有企業を対象として聴取調査と資料収集を行った。さらに合川市経済委員会の主任、副主任、合川市体制改革弁公室の職員、及び工業部門を担当する副市長を対象として聴取調査を行った。

第3節　合川市の産権改革

産権改革の歴史と特徴[5]

　合川市は、80年代から中央政府の指導のもとで10数年間、国有企業の改革を行ったが、1994年までに国有経済の経営効率は改善されなかった。

合川市政府は、地域内の国有企業を困難な状況から抜け出させるために、1994年6月18日「合川市人民政府条例」を制定し、国有企業に対する株式合作制[6]改革を開始した。1998年7月までに、合川市にある155の国有企業のすべてについて産権改革が完了した。

合川市における国有企業の産権改革が、1997年11月の中国共産党第15回大会より3年も前に始まっていることに注意を促しておきたい。1994年6月といえば、会社法がまだ施行されていない時期である。企業の産権改革について中央政府の方針は打ち出されていたが、国有企業の産権改革による企業の売却などが全国的に展開され始めるのは1996年以降なので、合川市の産権改革は全国的に見ても早い時期に進められたといってよい。合川市の産権改革は、重慶大都市圏内で最も早い時期に行われた国有企業の改革事例となった。

このことは、合川市の産権改革が合川市人民政府の強いイニシアティブで進められたことを意味している。産権改革の遂行は、合川市政府独自の地域戦略であったといえる。

以下においては、まず合川市政府が国有企業の産権改革を遂行する組織体制を検討し、また産権改革がどのような手続きで進められたについて整理する。産権改革には、改革後にどのような所有形態の企業に再編されるかによって、いくつかの方式がある。ここでは異なる方式で遂行された三つの産権改革の事例を取り上げて、改革過程を分析する。それぞれの方式での産権改革はどのような特徴があるか、また産権改革を実施した企業にはどのような問題が存在しているかを明らかにする。

産権改革遂行の組織体制

国有企業の産権改革を遂行する合川市人民政府の組織体制についてであるが、まず合川市人民政府は、地域内における国有企業の産権改革の政策を策定し実行する中心機関、あるいは最高指導機関である。その下に、産権改革の政策を遂行するために、中国共産党合川市委員会および

合川市政府の下級機能部門から成る複数の組織機関が存在している。第一に経済機能部門として、合川市財政局、合川市経済委員会、合川市郷鎮企業局である。第二に総合機能部門として、合川市体制改革弁公室があり、その下に合川市公有企業産権制度改革指導工作組がある。また合川市国有資産管理弁公室、合川市工商局、合川市国家土地管理局、合川市房屋管理局、合川市労働局も総合機能部門に含まれる。第三に金融税金部門として、人民銀行合川市支店、合川市国家税務局、合川市地方税務局、合川市社会保険局がある。第四に法律部門として、合川市政策法規委員会、合川市裁判所、合川市警察がある。第五に中国共産党部門として、合川市中国共産党委員会宣伝部および組織部がある。このなかで最も権力をもつのは、経済委員会である。

　社会主義計画経済体制下においては、経済委員会は国有企業の生産活動を指導する役割を担っていた。経済委員会には、企業の経営者の任免権利もあった。1997年に、元工業局を廃止したために、元工業局の職員すべてを経済委員会に移動させた。現在の経済委員会の仕事は、国有企業に対して産権改革政策の実施を直接指導し監督することである。経済委員会の官員は各人めいめいが担当国有企業をもち、担当企業の産権改革と改革後の経営状況に責任をもつという担当責任制がとられている。たとえば、改革後に株式制法人となった企業が技術革新を行うための資金に関して問題が生じたときなど、担当する経済委員会の官員を通して経済委員会に協力を要請し解決を図る。逆にいえば、経済委員会が改革後の企業の経営にも関与しているということである。企業経営者が何か経営改善を行おうしたときは、経済委員会の同意が事実上必要となる。また新規事業計画の策定にあたっても、経済委員会が介入して決定されることが珍しくない。合川市経済委員会は、改革後の企業にとって依然として大きな存在である。

　経済委員会以外で国有企業の産権改革に関わる部門は、合川市体制改革弁公室と国有資産管理弁公室である。総合機能部門の合川市体制改革

弁公室は、主に合川市政府に対して改革政策の提案を行い、プロジェクトを計画する。体制改革弁公室の官員は、国有企業の改革につれて体制改革弁公室の意味はなくなるだろうという消極的な見通しを語ってくれた。国有資産管理弁公室は、国有資産を評価し、国有資産の流失を監督する機関であり、国有資産の代理人でもある。地域によって国有資産管理弁公室の所属は異なり、合川市国有資産管理弁公室は、財政局に所属するではなく、合川市人民政府に直接所属している。

　ここでの重要なポイントは、国有企業の産権改革が合川市政府の経済委員会の管理のもとで行われているだけでなく、改革後の企業経営にも経済委員会が深く関与しているということである。所有構造がどのように変わろうが、企業経営に対する行政の関与は実質的に変化がないということである。

産権改革の方式と株式化

　合川市における国有企業の産権改革の方式は、株式制、リース、倒産、売却、合併の五つの形態がある。経済委員会が管理する国有企業は34であり、そのうち株式制有限公司、あるいは株式合作制企業に転換した企業は26社、倒産した企業は6社、リース企業は1社、売却された企業は1社である。

　合川市の規定によれば、国有企業が株式制法人企業への転換を申請するときには、審査のために次の申請書類を整えなければならない。①申込書、②上級管理部門の許可書、③実施可能な経営計画書、④企業の規定、⑤資産の評価報告書およびその確認書、⑥資産の清算報告書、⑦企業の労働者代表大会で決定された株式制法人化企業を実施する議決案、⑧労働者が株主となる協議書と株主名簿（株主氏名、持株金額、株購入時期、購入総金額が記載）、以上である。

　株の発行については、国有企業の資産を限定したうえで、四種類の出資主体に株を発行する。第一に国家株である。当該国有企業の有形無形

の国有資産によって形成された株である。国家株の権利は、国有資産管理部門、あるいは国有資産の代表権限が授けられた企業の上級管理部門が保有する。第二に集団共有株である。当該企業の法人資産で形成された株である。集団共有株の権利は、企業の労働者代表大会にある。第三に社会法人株である。当該企業に対する投資によって形成された株である。社会法人株の権利はその法人が保有する。第四に従業員個人株である。従業員が合法的に占有する株である。

このなかで第二の集団共有株については、産権の帰属は曖昧になりがちである。権利が企業の労働者代表大会に帰属するといっても、実際には企業経営者のコントロールのもとにおかれることが多い。他の企業や個人への売却など、企業経営者の自由裁量の余地は大きい。その際、売却代金が技術の導入や設備投資などのような、主力事業の高度化のために回されるとは必ずしも限らない。たとえば、レストラン経営などの副業に投資される場合もある。副業が成功すればいいが、失敗した場合には、結局、国有資産の浪費あるいは流出という結果に終わることになる。

産権改革の効果

改革の過程でレイオフされた労働者は、再就職センターに登録された分だけで5,000人に達した。それは合川市の国有企業労働者総数の約25％にあたる。合川市の国有企業改革が社会的に「痛み」の伴う改革であったことを物語る。

企業経営が改善したかどうかであるが、その具体的な数字を入手することはできなかった。それについて経済委員会の幹部へインタビューしたところ、三分の一の企業は改革前より経済利益が上回り、三分の一の企業は改革前より経済利益が下回り、残り三分の一の企業は無変化だという回答であった。また産権改革を行って新しい企業として出発した企業のなかには、新規投資を行って事業拡大を志すものも出てきた。

第4節　合川市における産権改革企業の事例分析

次に、産権改革の企業ごとの実態に移る。表5-3は、合川市経済委員会が管轄する国有企業のうち、資料を入手できた16社の国有企業についての産権改革の実施状況である。このなかの七つの企業について、企業経営者に聴取調査を実施することができた。そのなかから三つの産権改革の事例をピックアップして、産権改革の過程を記述する。三つの事例とは、倒産した後、別の企業に買収され、国家が筆頭株主である株式有限会社として再建されたA企業の事例、国家が筆頭株主である株式有限会社に転換したE企業の事例、株式合作制企業に転換したF企業の事例である。

A企業の事例

A企業は、1994年6月28日に、長期的な経営不良のために、上級管理部門が同意した上で、合川市裁判所に倒産の申立てを出さざるをえなかった。1995年1月9日、倒産が成立した。その後、1995年6月に重慶合川缶詰食品有限会社に買収されて現在に至っている。現在は国家が筆頭株主である有限株式会社である。

A企業は倒産する前には、合川市工業局に所属した国有企業であった。主たる生産品は缶詰であった。在職労働者が644人で、退職者が71人であった。土地面積は、67,954平方メートル、そのうち53,500平方メートルが生産用地であった。

1990年から1994年にかけての赤字の累計金額は1,200万元であった。生産資金にも事欠く状態に陥っていた。それに加えて、低効率生産と管理のために生産コストが高く、その結果、競争力を弱めた。市場においては、発展している郷鎮企業におされぎみとなり、天安門事件以降、それまでずっと輸出先であったアメリカ、カナタなどの国への輸出が強く抑制されるようになった。以上のような原因で、A企業の経営者は合川

表5-3 合川市における企業の産権改革の基本状況

金額単位:万元

企業名称	企業名称変換の有無	企業性質 変換前	企業性質 変換後	変換形式	完成時期	固定資産	所有制が変わった後の基本状況 生産設備合数	主な生産品名	主な生産品の年生産力	労働者人数	その他
Z企業	有	国有	民間企業	倒産再建	1997.6	2,685	230	農業車輌	2,000	776	
G企業	無	国有	有限公司	新成立	1995.6	124	20	深盲孔にニッケルをメッキ	1億件	15	国有が株をもつ
F企業	無	国有	株式合作	株式合作	1994.10	2,759	142	セメント	15万トン	433	
J企業	無	国有	有限公司	株式制	1993.6	683	75	セメント	4.7万トン	228	国有が株をもつ
S企業	有	国有	有限公司	倒産再建	1997.7	1,837	56	炭素ストロンチウム	8,400トン	483	国有が大株主
E企業	有	国有	有限公司	株式制	1997.10	2,410	473	炭酸アンモニウム	8万トン	570	国有が大株主
K企業	有	国有	有限公司	倒産再建	1997.8	4,800	ルーム240 糸繰車24	白生糸・綢	白生糸373 綢240万	2,930	重慶に買収される
P企業	無	国有	有限公司	倒産再建	1997.10	3,181	140	綢関係、液体塩	8万トン	777	国有制
A企業	有	国有	有限公司	倒産再建	1995.8	889	400	肉の缶詰、冷凍食品	1万トン	485	国有が大株主
H企業	無	国有	株式合作	株式合作	1996.9	824	131	マッチ	50万件	531	
B企業	無	国有	株式合作	株式合作	1996.9	333	80	ステンレス・スチールベルト	200万件	166	
Y企業	無	国有	株式合作	株式合作	1996.4	781	26	印刷	2億印	227	
C企業	無	国有	株式合作	株式合作	1994.12	116	30	普通瓷	100万元	148	国有が大株主
T企業	無	国有	株式合作	株式合作	1996.10	142	30	陶器	300万件	101	
Q企業	有	国有	有限公司	有限公司	1995.4	950	230	運輸	1,300	365	
D企業		国有		倒産	1995						

出典:経済委員会資料より作成。

市工業局に倒産する意向を表明したのである。

　ここで企業倒産の経緯を詳しく見てみよう。Ａ企業は、まず上級管理部門である合川市工業局に対して経営不良などの原因で倒産する意向を表明した。工業局はＡ企業に同意して法的な部門に起訴させ、同時に合川市政府に報告した。次に1994年6月28日、合川市裁判所は、Ａ企業の倒産起訴を受理した。1994年10月13日に第一次債権人会議を開催することが広告された。合川市政府は、財政局、経済委員会、審計局、工商局、物価局、監察局、税務局、労働局、国家土地管理局、房屋管理局、工業局などの官員による臨時工作組を設置した。臨時工作組は、Ａ企業の資産を清算して登録し、債務債権を整理するために設置された機関である。臨時工作組は合川市裁判所からＡ企業倒産後の精算案の作成の任に当たるよう指定された。

　他方、合川市国有資産管理弁公室と財政局は、Ａ企業の国有資産について評価した。1995年4月20日までに評価の結果が出た。国有資産の評価結果としては、資産総額は28,930,904.50元（土地を除く）、そのうち固定資産総額が21,398,468.46元（銀行の抵当に入っている資産19,974,956.60元と、労働者に売った住宅の評価金額1,423,511.86元を含む）、流動資産が7,532,436.0元（現金が5,084,880.44元）であった。負債総額は41,995,776.59元、資産負債率は、145.16％であった。

　1995年1月9日に合川市裁判所はＡ企業が倒産したという判決を出した。合川市政府の臨時工作組は、企業財産の保管、整理、評価、処理、分配などについて精算案を作成した。それは、『重慶日報』『四川日報』などのマスメディアで公開された。財産処置方針は、企業の全体を売却すること、生産品構造の似ている企業に売却すること、従業員と土地を一緒に売却することという三原則をもっていた。また臨時工作組は、Ａ企業の売買について四つの提案を提出した。すなわち、分けて売買すること、債権を株主権に代えること、合川市外部でＡ企業の売却先を探すこと、合川市内部でＡ企業の売却先を求めること、以上であった。結果と

して臨時工作組は、重慶合川缶詰食品工業有限公司(合川市国有工業資産経営公司、重慶糧油食品進口公司(貿易公司)および若干の個人株主が出資して設立した株式制企業である)と買収契約を締結した。元企業の従業員は全員新しい企業にそのまま雇用されることになった。

　重慶合川缶詰食品工業有限公司は、すでに売却した従業員の住宅と生活区の土地を除いて、13,038,200.31元で21,398,468.46元の固定資産を買収した。そのうち8,300,000元で銀行に入っていた19,974,956.60元の抵当金を買収した。しかし、負債総額の41,995,776.59元の57％しか返済できなかった。債権者の未回収債権は18,022,502.15元である。

　会社法の第81条では、国有企業が株式有限会社に移行するときに、国有資産を安値で株に代え、売却および無償で個人に譲渡することが禁止されている。しかし、評価されたA企業の国有資産が評価額以下で買収されたことは明らかである。

　この倒産のケースに関して、誰が最も利益を得たか。また誰が最も損益を蒙ったか。最も利益を得たのは、企業を安価で買収した重慶合川缶詰食品工業有限公司であろう。損益を蒙ったのは債権者であるが、おそらく銀行が最も打撃を受けたと思われる。労働者に関しては、少なくとも雇用は守られた。

　A企業の倒産における処理の全体過程において、合川市政府は全面的に介入した。その後、A企業の倒産事例は、合川市政府に倒産企業の処置に関するモデルケースと認定された。

E企業の事例

　E企業もまた、産権改革を実施する以前には、合川市工業局に所属した国有企業であった。1997年10月に、国有企業から国家が筆頭株主である株式有限会社に転換した。E企業の主力商品は合成アンモニアであり、年生産能力は1.5万トンである。1998年7月の資料によれば、在職労働者数は677人、退職した労働者数は85人である。企業資産総額

は、19,781,547.42元、固定資産総額は15,395,365.73元、流動資産総額は3,780,630.91元である。そのうち国家資本が2,726,730.21元、法人資本が1,056,019.29元、個人資本が640,000元である。

　株式会社に転換するにあたって、株がどのように設置され構成されたかについて見てみよう。設置された総株数は442万株であった。国有資産の株が270万株であり、総株数の61.5％を占める。そのうち合川市国有資産公司が227万株をもち、全体の51％を占め、国有工業資産公司が13万の株をもち、全体の9.5％を占める。企業の従業員個人株が164.7万株で、総株数の38.5％を占める。従業者個人株の内訳は、一般労働者、副主任級中級管理職、主任級中級管理職、副主任級上級管理者、主任級上級管理者の五者の持ち株比率は、1：2：3：4：5と定められた。合川市財政局長、市経済委員会の主任本人も株主である。

　株式会社に転換した後の、企業管理メカニズムはどのように構築されたか。会社法に従って、株式制有限公司であるE企業の管理メカニズムは、株主会、理事会、監督会で構成される。E企業の株主会では、出資側の合川市国有資産公司と国有工業資産公司の代表、従業員の株主の代表で構成される。理事会は7名で構成される。国有資産が株の50％以上を占めるため、7名のうち4名が合川市政府に派遣され、3名が株主会で選挙で選ばれる。監督会は5名で構成される。そのうちの3名は合川市政府から派遣され、2名が選挙で選ばれる。企業の総経理は、理事長の推薦を受けて理事会が任命する。中級管理者はすべて総経理が任命する。

　しかしながら、会社法の規定に沿って、共産党委員会・労働者代表大会・労働組合組織(中国では工会という組織である)も同時に存在している。いわば、「新三会」と「老三会」が併存しているのが現状である。E企業では、総経理と党書記、監督会のリーダーと労働組合組織の会長は兼職である。ということは、従来の国有企業の管理システムが依然として存在しているわけである。これについて、E企業の経営者は、株式制企業の管理は、旧来の国有企業システムの変形であると述べた。

産権改革は、産権の限定を通じて、法人とする経営者に十分に生産・経営・管理権利を与えることを目指したが、国家が筆頭株主である株式制企業の場合は、従来と同じように、国有資産の株代表者である政府部門の幹部を企業の上級管理者として派遣している。

最後に、改革後の経営について見ておこう。すでに指摘したように、E企業は合成アンモニアを生産する企業であるが、重慶市には同業種の企業が24社存在しており、四川省においてアンモニアの生産は過剰ぎみである。年間生産能力が1.5トンのE企業は24の企業のなかでは小型企業である。1998年4月にE企業は、経済委員会に技術革新に必要な資金の申請書を提出した。技術革新によって年生産能力を3万トンに向上させることを目指した。1999年3月24日に経済委員会はこの申請を許可した。この技術革新に必要な資金は3,651万元である。E企業は1,200万元の余裕資金を手元にもっているが、2,451万元を金融機関からの借金でまかなった。

現在、中央政府は国の金融機関が大型国有企業に対して融資することを認めているが、中小型企業、とくに競争力の弱い企業に対しては融資しないという方針を強調し続けている。では、なぜE企業は銀行から資金を借りることができたか。E企業の経営者によれば、このような技術革新には、三つの条件が必要である。第一に資金ルート、第二に産業政策、第三に財産の保証である。いずれも地方政府の協力が重要である。

E企業の銀行融資について、合川市の副市長は「国有企業は国のために貢献している。そして政府は企業を救わなければならない。もしも企業が倒産したら、失業者が増え、地方財政状況も困難になり、社会安定が損なわれる」と述べた。銀行がE企業に融資した背景に、明言は避けたが、副市長の発言から判断するに、合川市政府の働きかけがあったことはまず間違いないと思われる。

F企業の事例

F企業は、産権改革を実施する以前には、合川市工業局に所属した国有企業であった。セメントが主力商品である。年間20トンの生産能力をもつが、実際の年生産量は10トンである。合川市には同業種の企業が他に6社あるが、そのなかでF企業は中レベルに位置する。1978年以来、企業の経済指標は、ずっと黒字である。

1994年4月に、国有企業の産権改革の政策に従って、株式合作制企業に転換した。1994年10月28日に、合川市人民政府、中共委員会、経済委員会、体制改革弁公室、工業局、企業に駐在していた臨時工作組などの官員の参加を得て、株式合作制企業の成立大会が開催された。

1998年7月の資料によれば、企業資産総額は41,014,316.39元、固定資産総額は19,846,892.56元、流動資産は17,130,000元である。在職労働者数は457人である。レイオフ労働者は存在していない。

F企業が株式制合作企業に転換するにあたって、どのように株が設置され、どのように株主が構成されたかを次に見よう。株式合作制企業には、基本的に国家株を設置しない。合川市国有資産管理弁公室と財政局は、F企業の国有資産を評価し、企業法人の資産を限定した。F企業の国有資産は、集団共有資産と従業員個人資産に限定された。表5-4は産権改革前のF企業の国有資産の評価数値である。

結局、F企業において設置された総株数は727.8万株である。集団共有株、従業員個人株、社会人株、量化分配株、退職者株という五種類の株が設置された。1株当たり1元である。各類の株の割合は、集団共有株が404.66万元で全体の55.55％、量化分配株が100万元で全体の13.74％、従業員株が219.01万元で全体の30.09％、社会人株が39.53万元で全体の5.45％、退職者株が64.65万元で全体の8.88％をそれぞれ占めている。

各種類の株のうち、集団共有株は、限定された企業法人資産の計量化していない部分と企業法人が買収した国有資産304.33万元で構成される株である。量化分配株は、企業法人資産の約半分の100万元を、株主になった従業員に無償で譲渡した株である。従業員個人株は、企業の従業員が

表5-4　産権改革以前のF企業の国有資産評価数値

金額単位：万元

清算時間	1994年6月30日の24時まで
清算機関	合川市国有資産管理弁公室と財政局
資産帳面値	3,050.45
資産評価値	3,214.39
固定資産総額(取得時点)	2,288.68
生産性固定資産額	1,894.19
非生産性固定資産額	394.48
固定資産総額(現時点)	1,631.84
生産性固定資産額	1,333.12
非生産性固定資産額	298.72
負債帳面総額	2,071.24
負債評価総額	2,037.37
所有者権益負債帳面額	979.2
所有者権益負債評価額	1,177

出典：経済委員会の資料から作成。

購入した株である。社会人株は、社会人が譲渡された株を現金で買った株である。退職者株は、退職者の社会保険を解決するために国から企業に渡した資金で構成された。量化分配株は、従業員に企業の株を買うインセンティブを与えた。多くの株を買った従業員ほど量化分配株が与えられる割合が高い。

　一般労働者がもつ株の基本額は3,000元で、最低700元と決定された。副主任級中級管理職、主任級中級管理職、副主任級上級管理者、主任級上級管理者の持ち株については、それぞれ基本株額の2倍、3倍、4倍、5倍と決定された。実に425人の従業員が株を購入した。一般労働者の最低額が700元で、最高額が5,000元であった。

　次に、改革後の企業管理メカニズムはどうなっているかに視点を移そう。F企業では、理事会長は党の副書記を兼職し、副理事会長は党の書記を兼職し、監督会のリーダーは、労働組合の主席を兼職している。E企業の場合と同じように、従来の国有企業時代の管理システムが変形し

て残存しているようである。1998年9月の時点では、F企業の経営者は、株式合作制企業に転換しはしたが、本来の株式制企業の管理メカニズムは機能していないと述べた。一例をあげれば、分配についての自主権がないという。F企業の1998年の平均年間給与総額は4,200元であった。とくに中級管理職員の平均月給は500～600元で、一般労働者よりも少なかった。しかし1999年の計画によれば、平均年間給与総額は8,000元になる。この点に関しては、少なくとも政府のコントロールが少しずつ弱まっていく気配が見て取れる。

　株式合作制企業に転換した後、F企業は事業を拡大しつつある。たとえば、700万元を投資して合陽に5,000平方メートルの豪華クラブ、デパート、ホテルから成る複合商業娯楽宿泊施設を建設した。また重慶市内に直販売店を開き、他の都市でセメントの関連企業を作った。しかしながら、1998年1月、700万元で建設した複合商業娯楽宿泊施設を450万元で当該企業の従業員に譲渡した。さらに1998年7月、F企業が筆頭株主であった企業を200万元で個人に売却した。このような経営上の決定は、合川市政府の許可を受けた上で、最終的に企業の理事会において定められた。しかし理事会の会議の席上で、F企業は詳しい資料を提出しなかったという。経営管理のメカニズムが機能しているとはいいがたい状況である。

　他方、技術革新への投資、さらに大規模の投資を継続的に展開中である。1998年5月から1999年6月までに、年間生産量20万トンを達成するために、500万元を投資して新しい技術を導入した。500万元のうちの200万元は合川市農業銀行からの融資である。この技術革新について計画する段階においても、経済委員会の官員が介入した。1999年3月に総投資の70％を完成した。その他、3年後に1億元の外資を吸入して年間生産規模40万～50万トンの生産ラインを建設するという計画もある。

第5節　合川市の事例からの考察

　この事例研究から浮かび上がってきたのは、地方政府の存在感の大きさである。合川市では1994年から産権改革を開始し、1998年までにすべての国有企業について産権改革が完了した。1994年という全国的に見ても早い時期に進められたことは、産権改革が合川市政府の強いイニシアティブで進められたことを物語っている。つまり中央政府の方針に従ったというよりも、合川市政府独自の地域戦略であった。

　産権改革を具体的に実施するプロセスも、すべて合川市政府のコントロール下におかれた。中央政府のマニュアルに沿って単に杓子定規に産権改革を進めるのではなく、合川市という地域の実情にあわせて、改革手法も選択された。たとえば企業を倒産させるにしても、倒産した後の受皿をどうするかを決めたのは合川市政府である。

　産権改革を推進する中心になったのが、合川市政府の経済委員会であったが、そこは社会主義計画経済体制下において国有企業の生産活動を指導する役割を担っていた部署であった。経済委員会の官員は、各人が担当する国有企業をもち、産権改革の実施を企業に対し直接指導し監督するだけでなく、改革後も企業の経営状況の改善に責任をもつことが求められた。企業の側でも、産権改革を行った後も、何か経営上の問題に行きあたったときには、経済委員会の担当者に相談するのが普通であった。具体的な相談としては、産権改革後に株式制合作会社になった企業が、経営改善のために技術革新を計画したが、資金調達に行き詰まってしまい、経済委員会の担当者にその問題の解決を要請した例もある。

　産権改革後の地方政府と企業の関係であるが、改革が終了した後も、合川市政府の企業に対する影響力は残っている。会社法の規定に従って新しい企業管理システムが導入されはするものの、地方政府と党の影響力が依然として強い状況に大きな変化がない。企業の株主として企業経営に利害関心をもつだけではない。企業経営者の人事を決定する、ある

いは経営計画をチェックする、あるいは投資に必要な資金調達の便宜を図るなど、合川市政府の元国有企業の経営に対する関与は広範囲にわたっている。

ただし改革後の企業形態によって、その関与には幅がある。国有株が過半数を占める企業には、地方政府の官員が理事として理事会に参加するので、政府と企業の影響関係はより密接になる傾向がある。それに対して、国有株がない企業の場合は、地方政府との距離が開く傾向があり、その間を党組織が埋めているようである。しかし後者の場合でも、先に述べたように、投資資金の調達の際に、市政府の経済委員会が仲介して銀行から融資を受けやすくする便宜を図ったりしている。

このように地方政府は産権改革のプロセスをコントロールし、改革後も企業に対して影響力を行使しているのであるが、その際の原則は二つある。一つは失業者を最小限にするという原則であり、いま一つは地域の経済的発展を実現するために、可能ならば企業経営を改善させるという原則である。最後に、合川市において産権改革が思惑どおりに企業経営を活性化させたかということであるが、産権改革を行って新しい企業として出発した企業のなかには、新規投資を行って事業拡大を志すものも出てきた。

興味深いのは、合川市の金融機関が独立した金融機関として機能しているとはいいがたい状況である。長らく政策金融の窓口であった地方金融機関が、地方政府の圧力に屈して国有企業に投資資金をルーズに融資し、それが不良債権の一つの温床となってきた。それはすでに周知の事実であり、中央政府は繰り返しその是正措置を講じてきた。1998年に首相に就任した朱鎔基の三大改革の一つが金融改革であったことは、この問題が国家的重大事であることを示している。しかし、合川市の事例が示すように、合川市政府は依然として銀行に対して管轄内の企業へ融資するよう圧力をかけているようである。逆に見れば、銀行が地方政府の政治的圧力に抵抗するのが困難な状況にあまり変化はない。さらに十分

な吟味もなく融資する銀行自体の体質にも問題が残っている。たとえば、F企業の事例であるが、わずか数年で売却を余儀なくされるような投資の問題性をなぜ事前にチェックできなかったのかについては疑問の余地が残る。少なくとも合川市のケースに関していえるのは、地方の金融機関が地方政府の影響下にあるという事実である。

このように、産権改革の後に地方政府と企業の間には密接な関係が持続しており、地方政府は出資者としての利害関係をはるかに超えた関係を企業との間に維持している。しかも、企業と地方政府との密接な関係が維持されていることが、必ずしも企業経営にも地域経済にもマイナスに働いていないということである。

そのことは、地方政府が中央政府の目的を理解していないことから生じているのではない。国有企業改革の意義について地方政府が無知であるとか、あるいは中央政府の指導力の弱さが指摘されることがあり、そのような指摘が妥当する地域もあると思われるが、一面の真理にすぎないと思われる。地方政府が中央政府の政策意図を理解した上で、自地域の経済発展と社会的安定を目指すという目的のもとで合理的に行動し、結果として産権を改革したにもかかわらず、表面上は企業が政府から独立していないように見えることがありうるのである。前述の副市長の言葉は示唆的であるが、厳しい地域間競争に勝ち抜いて地域の経済発展と社会的安定を目指すために、地方政府自体が一個の経済主体のように機能していることを見落としてはならない。

第6節　涪陵市の産権改革

もう一つ、同じ重慶大都市圏に属する地方都市である涪陵市の産権改革について言及しておきたい[7]。

涪陵市は、四川省の東部、1997年3月に中央直轄市に昇格した重慶市から東に約80kmに位置する長江沿岸の都市である。人口は1998年時点

で109万人であり、近年は微増傾向にある。都市人口が総人口の約20％、農村人口が約80％を占めている(表5-5)。労働人口は都市人口の約半分を占める(表5-6)。

　涪陵市は、歴史的には四川省において最も貧困な地域であった。市政府の経済官僚の弁によれば、涪陵市の経済は1993年の時点で「重慶都市圏内の各地域のなかで後ろから数えて5番目」であった。

表5-5　涪陵市の人口構成の推移

単位：万人

年　度	人口総数	都市人口	農村人口	都市人口比率
1952	72.83	6.42	66.42	8.8%
1957	80.37	7.58	72.79	9.4%
1962	52.98	5.81	47.17	11.0%
1965	60.9	6.36	54.54	10.4%
1970	76.69	8.24	68.45	10.7%
1975	92.83	10.66	82.17	11.5%
1980	94.95	12.09	82.86	12.7%
1985	97.35	16.62	80.73	17.1%
1990	103.02	17.39	85.63	16.9%
1995	107.05	21.13	85.92	19.7%
1998	109.23	23.00	86.23	21.1%

出典：『涪陵市統計年鑑』より作成。

表5-6　涪陵市の労働者数(年末数)

単位：万人

年　度	都市人口a	国有経済労働者数b	集団経済労働者数c	他の経済	(b+c)/a ％
1977	-	3.74	1.14		
1980	12.09	6.27	1.52		64.4%
1985	16.62	8.27	1.96		61.6%
1990	17.39	8.67	1.93		61.0%
1995	21.13	9.4	1.74	0.2	52.7%
1997	22.99	9.45	1.42	1.2	47.3%

出典：『涪陵市統計年鑑』より作成。

涪陵市にある多くの国有企業は、1960年代末に、毛沢東の「三線建設」政策のなかで作られた軍事産業に属する企業であった。改革開放政策以前、このような国有企業は、直接中央政府に属していた。企業の生産活動は、すべて計画経済体制のもとで上級政府機関にコントロールされた。それら国有企業は地理的には涪陵市に存在していたが、行政的には直接中央政府に所属するために、涪陵市政府との直接的関係はなかった。

　1980年代初めから、このような軍事企業は軍事用品の生産を停止し、一般の生産用品、あるいは生活用品を生産する国有企業に転換させられた。生産活動において計画経済体制下であったような中央からの指令はなくなった。以後、それまで地域と無関係だった企業は、企業として存続し、従業員の生活を守るために、立地する地域、さらには地方政府と関係を持ち始めることになった。

　1990年代以前、涪陵市政府の改革の重点は農業生産におかれており、国有企業の改革は主要な改革目標ではなかった。涪陵市政府は国有企業に対する指導権を手放そうとはしなかった。全体の経済発展の水準は低いままで推移した。

　1992年の鄧小平の「南巡講話」が転機となり、涪陵市は本格的に国有企業の改革に取り組み始める。1993年に涪陵市は改革の重点を工業生産におくことを決定した。いわゆる「抓重点」という発展政策が涪陵市政府によって打ち出された。ここで「重点」という言葉は国有企業を指している。「抓重点」という発展戦略は、大企業が小企業を先導するという方針（「抓大帯小」とも表現された）を意味していた。

　時期を同じくして、涪陵市に大きな追い風が吹くことになった。追い風とは、1993年に工事が開始された三峡ダム建設プロジェクト[8]である。三峡ダム区を宜昌から重慶とし、湖北省と四川省の21の市、県が長江三峡経済開放区として指定された。とくに万県、宜昌、権陵、西陵の四市を沿江開放都市として、沿海開放都市と同様の優遇政策をとり、外資を導入することが計画されたのである。

このようななかで涪陵市の国有企業改革が実施された。1995年から1997年までの間に、企業内部における雇用・分配等に関する内部改革を完了し、1998年から国有企業の所有権の改革を実行した。すでに述べたように、1997年9月の中国共産党第15回大会において国有企業改革に関する「抓大放小」方針が確認される。それは経済利益が競争能力の大きな大型国有企業には経営改善を行わせて存続させ、他方で競争能力の弱い中小型国有企業は市場経済のなかで自然淘汰させようという方針であったが、その中央政府の方針とは異なり、涪陵市政府は、政府が競争力のある企業を援助する以上、競争力のある企業は政府に協力して業績の悪い中小型企業を助け、社会の安定を保証すべきであると判断した。それがすでに述べた「抓大帯小」政策である。涪陵市においては「抓大帯小」政策は1993年から実施されていたので、中央政府が「抓大放小」の方針を打ち出す以前から涪陵市では独自の方針に沿って改革が行われていたわけである。

涪陵市では中小型国有企業の所有権の改革は、すべて合併、もしくは大型企業への吸収という形で行われた。倒産させた企業の例はない。具体的には、外来の企業に対しては「承債式合併」を実施させ、地元の企業に対して「吸収式合併」を実施させた。

産権改革の過程を強力にコントロールするだけでなく、涪陵市政府は「政企分離」にこだわらないという方針をもった。たとえば涪陵市市長助理（補佐役）は企業の会長の役も兼職している。「政企分離」についての涪陵市政府の見解は、企業を行政から隔離させることではなく、企業内部において経営と党を分離することだというものである。

涪陵市政府は、1993年から国有企業の改革と平行して、重点企業を選んで、企業の経営環境を整備する政策を実施した。具体的には18社の重点モデル企業を対象とした優遇制度である。モデル企業の経営者に対する24時間対応の相談窓口を市長の執務室に開いた。経営者は経営上の疑問や問題があれば、いつでも市長に直接電話することができた。企業か

らの要望に対しては、たとえば電力不足の問題が起きたら、すぐに市政府が電力会社と交渉して安定した電力供給を企業に保証するなど、市は責任をもって相談に応じた。

　この涪陵市政府の企業優遇政策は、国有企業の経済活動を大きく刺激することになった。改革政策を実施し始めた1993年、工業総生産額は211,413万元であったが、第一段階が終わった1995年には工業総生産額は364,491万元になった。これは実に72％の増加である。1990年時点での価格に換算しても、55％の成長である(表5-7を参照)。第二、第三段階においても、工業生産額は毎年10％以上の増加率を記録した。統計によれば、現時点で生産額と納税額の点で涪陵市(1998年以降、重慶市涪陵区)は重慶市のなかで第一位である。涪陵市のなかで工業が主要な産業になっただけではなく、重慶大都市圏のなかでも有数の工業地区に成長したのである。

　涪陵市と合川市は、人口規模の点でも、重慶大都市圏の周辺部に位置しているという点でも、さらには産権改革を実行した時期の点でも、似通った都市である。しかし、産権改革に関しては、二つの都市はかなり異なった経路を歩み、また改革の結果に関しても、異なった様相を呈している。涪陵市の産権改革は、国有企業労働者総数の約25％がレイオフされた合川市の産権改革と比較すると、例外的に成功した事例だと思われる。また産権改革の進展に伴って工業部門が急成長したことも、そのような劇的な発展のなかった合川市と比較すると、その成功が際立って見える。

　この涪陵市の「成功」がむしろ例外的であり、合川市の事例が一般的だと思われるが、ではなぜ涪陵市が例外的な「成功」を収めることができたのかについては、次の三つの要因を指摘することができると思われる。第一に中央政府の優遇政策である。涪陵市が三峡ダム建設プロジェクトに組み込まれたのが大きい。合川市は、涪陵市とは異なり、中央政府が設定した長江三峡開発区には属していない。そのため涪陵市のような優

表5-7 涪陵市工業総生産額

単位：万元

年度	工業総生産額 1990年価格a	うち国有工業 生産額b	b/a %
1978	22,129	18,019	81.4%
1979	21,798	17,980	82.5%
1980	22,455	18,007	80.2%
1981	26,046	20,659	79.3%
1982	29,549	22,835	77.3%
1983	35,997	28,182	78.3%
1984	38,876	29,879	76.9%
1985	52,759	36,940	70.0%
1986	65,343	44,944	68.8%
1987	76,168	49,307	64.7%
1988	89,192	57,869	64.9%
1989	96,458	62,243	64.5%
1990	100,358	62,605	62.4%
1991	119,300	74,469	62.4%
1992	140,700	84,100	59.8%
1993	172,300	100,900	58.6%
1994	205,700	116,925	56.8%
1995	267,400	129,786	48.5%
1996	319,159	167,112	52.4%
1997	384,722	179,943	46.8%
1998	447,245	147,857	33.1%

出典：『涪陵市統計年鑑』より作成。

遇政策を与えられていない。第二に涪陵市政府自身の地域戦略である。涪陵市政府が地域の経済的発展を自覚的に追求する様々な政策手段を自前で構想し実現しようとしている点を見逃せない。とくに重要な点は、産権改革後の涪陵市政府の企業への関わり方である。企業経営に直接的に介入するのではなく、企業の経営自主権を尊重した上で、経営環境を整備するという仕方で企業に関与している。たとえば、企業優遇制度にしても、制度の前提として企業の経営自主権が実現されていることがあ

る。というのは、その優遇制度は企業が自発的に問題点を発見して初めて意味をもつ制度だからである。主導権はあくまでも企業の側にあり、地方政府は企業に対してサービスを提供するという構図である。第三に涪陵市の国有企業が元軍事産業であったことである。涪陵市の国有企業は中央直轄の軍事産業だったので、地元政府との人的な癒着が少なかった。そのため企業経営者の企業発展という目標と、涪陵市政府の地域の経済発展という目的が、同一の方向を目指す結果を生み、政府の企業優遇政策と企業側の努力が経済発展に対して相乗効果をもたらしたと考えられる。

　しかしながら、合川市と涪陵市の両者に共通点もある。それは地方政府の役割の大きさという点である。合川市の場合、産権改革に伴って多くの労働者がレイオフされ、地域の雇用が危機に瀕したことが地方政府の役割の増大をもたらした。つまり地域における雇用問題の深刻化とそれがもたらす社会的不安定を回避するために、地方政府は改革後の企業の業績の改善に対しても強い関心をもち、実際に企業の成長を促進する目的をもって経営に関与したのである。産権改革によって、社会的安定の維持という新たな課題に直面した地方政府が、企業経営を改善することに強いインセンティブをもったといえる。

　他方、涪陵市の場合、追い詰められた状況にはなかった。しかし地域の経済的発展のために、様々な優遇制度に見られるように、企業経営に対する関与を行った。特筆すべきは、市の幹部の「政企分離」の解釈である。繰り返しておくと、企業を行政から隔離させることではなく、企業内部において経営と行政を分離することだという解釈である。つまり、行政が企業経営に対して「内部」から関与するのはやめなければならないが、行政が企業経営に「外部」から関わるのは問題がないという考え方である。言い換えれば、企業経営に対して、いちいち口を挟むのは慎むべきだが、大所高所から企業経営をモニタリングすることが許されるべきだし、必要だという考え方である。

第7節　政府・企業間関係の新たな次元

　以上、見てきたように、地方政府管轄の国有企業の産権改革において、地方政府が改革の実施はいうに及ばず、改革後の企業の経営改善に対しても、小さくない役割を果たしているという実態が明らかとなった。もちろんここで取り上げた二つの事例だけから、中国全体の傾向を判断することはできない。そこで、産権改革によって地方政府と国有企業の関係がどのように変化したかについて、他の研究がどのような結論を導き出しているのかを見ておこう。

　丸川知雄は四川省の小型国有企業の民営化を対象とした事例研究で、筆者とほぼ同様の結論を導き出している（丸川知雄 2000a）。丸川は、中小型国有企業改革の現状を把握するために、1999年9月に民営化企業15社および関連する地方政府を対象とした調査研究を行った。丸川によれば、改革が成功した要因の一つは、地方政府が民営化の過程を細かくモニタリングしたことである。地方政府は、「動員しうるあらゆる政策資源を駆使して」（丸川 2000a：10）改革を推進した。地方政府はただ民営化するだけで効率が達成されるとは考えておらず、民営化が雇用情勢を悪化させないかどうか、あるいは産業を発展させるかどうかを、改革後もモニタリングしていた。そのような地方政府の行動は、とくに失業者の急増の防止と産業発展に効果があった。その前提にあるのは、民営化した後も地方政府が企業に対して依然として強い影響力をもっているということである。国有銀行との債務削減交渉などにおいても、地方政府が果たす役割は大きい。そのような状況では、地方政府の企業への介入は不可避であると丸川は指摘している。

　四川省の中小型国有企業の民有化がスムーズに進んだもう一つの要因として丸川が指摘しているのは、1996年の四川省政府の政令が、県管理の国有資産の処分権を県に帰属させると定めていたことが指摘されている。「民営化によって従来不明確だった国有企業の財産権が明確化された

のではなく、既に民営化以前から財産権は明確に県が所有していた」(丸川 2000a：11)ために、改革が急速に進んだということである。

　丸川の主張を要約すれば、地方政府が管理する小規模の国有企業に関しては、第一に所有権制度の改革によっても地方政府の企業に対する介入が解消されないことがありうるということであり、第二に改革後の地方政府の企業に対する介入が企業経営にとっても、また当該地方にとっても、プラスに働くことがありうるということである。丸川の調査が実施されたのは、筆者の研究の約半年後であるが、筆者自身の研究と同様の結果となっているといえよう[9]。

　では、なぜ産権改革によって、所有と経営の分離がなされたにもかかわらず（それどころか国有株のない企業もある）、政府の企業経営への干渉はなくならず、しかもそのこと自体が企業経営にマイナスになっていないというようなことが起こるのだろうか。

　産権改革のシナリオは次のようなものだったはずである。すなわち、まず法人財産権を確立する。その結果、所有と経営が分離する。企業は政府の干渉から独立し、自らの判断で経営改善を行う主体になる。それによって市場経済に適応し、利益を上げる企業が生まれる。

　地方の現実を見たとき、そのシナリオには非現実的な部分が含まれている。それは政府の干渉から独立し、経営の自主性を獲得したからといって、そこから自動的に利益をあげる企業が生まれるとは限らないことである。利益を上げられない企業に転落する一つの道筋は、企業経営者の個人利益追求行動である。第3章で述べたようなインサイダー・コントロールの発生である。もう一つの可能性は、経営者の経営管理能力の欠如からくる企業業績の低迷である。外部の経済環境は年々厳しくなっている。言い換えれば、市場における競争は激化しているのであって、経営者は刻々と変化する市場をにらみながら、経営の舵取りを進めていかなければならない。失敗した企業は市場からの退出を迫られる。倒産である。経営管理能力を豊富にもつ人材が地方に蓄積されているかといえ

ば、例外はあるだろうが、一般にその答えは否定的にならざるをえない。

とすれば地方において最も経営管理能力のある人材、あるいはそれを育成するための情報と資源が豊富に蓄積されている社会的組織は何か。一般的には行政機関である。地方政府の役割はそこにあると考えられる。

つまり、中国の国有企業の改革は、企業の産権制度の改革を経て、市場において企業の競争力が実際に問われる段階に入った。言い換えれば、いかに企業経営を効率化し、利益を生み出すかが問われる段階に入ったのであり、それに失敗した企業は否応なく市場から淘汰されることになる。この段階において重要なのは、国有企業それ自体の経営努力もさることながら、政府が企業の経済活動にとって有利な環境をいかに整備するかということである。経済発展を促進する企業と政府の関係のあり方が模索されているのである。社会主義計画経済体制下のような命令－従属関係ではなく、市場が未整備という条件のもとで、企業が経済行為に有利な制度的環境を構想し実現することが、現在、政府にとって焦眉の課題になっている。つまり、行政の役割は、企業経営への直接的な介入ではなく、企業に対してサービスをすることが新しい役割になるのではないかと考えられる。換言すれば、企業の経営環境を整備し、企業が直面する困難な問題の解決を助けることが、まさに今後の中国の地方政府が果たすべき役割であり、それは計画経済体制時代における政府と企業の関係とは異なる質をもった新しい政府・企業間関係だと考えるべきだと思われる。

経済発展を実現しうる政府・企業間関係の樹立という課題に直面しているのは、中央政府だけではない。一つ一つ条件の異なる地方において、きめの細かい対策を行いうるのは中央政府よりもむしろ地方政府である。その意味では、国有企業の改革が企業経営の改善という当初の目的を達成できるかどうかを決定する要因の一つは、地方政府の地域戦略にあるのではないか。

政府の企業経営への関与一般を否定すべきではないのであって、地方

政府の企業への関わり方の質をより詳細に問題にしなければならないのではないか。そのことを、現実の事例が教えているのではないだろうか。地方国有企業の産権改革の結果、地方政府と企業の間には、新たな現実が生成しつつあるのではないかと思われる。その現実を把握するためには、新たな枠組みを導入することが必要である。筆者が仮説として導入したいのは、ローカルな開発主義体制という概念である。

次章では、産権改革と地方政府の関連に関して、ローカルな開発主義体制が構築されているのではないかという仮説を述べ、既存の研究を参考にしながら仮説の精緻化の作業を行いたい。

[注]
1 本章は徐(1999)に基づき、他の最新の研究を参照して加筆・修正したものである。
2 横向連合とは、財産権の譲渡・移転を伴わない様々な企業間協力関係を指している(丸川知雄 2000a：2)。
3 統計資料は、合川市統計局編『合川統計年鑑』1996年版に依拠した。
4 調査協力者を得られるかどうかは、中国を調査するときには重要な問題となる。日本国内で社会調査を行うときは、ほぼ学術的な理由のみで調査地を選定できるが、中国の事情はそれとは異なっていることを指摘しておきたい。また資料収集にも制限されているのが普通であり、またインタビュー調査の対象者の選定も自由に行えるわけではない。インタビューの実施に際しても、調査対象者単独で調査に応じてくれるのは例外的な場合に限られる。
5 合川市の産権改革全般の基本的資料は、次の三点である。合川市企業管理企業家協会『股芸合作制具体操作示範文本』1995、合川市企業家管理協会編『合川市工交企業改革操作資料選編』1997、中共合川市委弁公室・合川市人民政府弁公室・合川市体制改革弁公室『探索与突破——合川市企業産権改革材料匯編』1997。
6 「株式合作制」とは株式と協同組合を意味する「合作」を組み合わせた造語である。株式制の要素を取り入れた協同組合形式で、集団経済の新しい組織形態である。労働者が株式所有を通じて企業と有機的に結びつくことによって、従業員が共に労働し、生産手段を占有し、リスクを協同で負担し、企業の意思決定も多数の従業員の意思を反映させることができるとされた。

実践のなかで生まれた新しい企業形態である(楊天賜編 1997：102-105)。1990年代前半に農村の郷鎮企業改革のモデルとして注目され、1993年の中国共産党第14期三中全会決議のなかで、国有小企業と集団所有制企業の改革モデルとして示された。その後、都市の中小型公有企業の有力な改革モデルとしなったが、1997年以降は急速に支持を失っている(丸川 2000b)。

7 涪陵市の産権改革も筆者自身が単独で行った調査に基づく。調査は1998年11月、1999年4月の2回にわたって行われた。

8 三峡ダム建設プロジェクトは、長江の中流域三峡に治水と利水を目的としたダムの建設が進められている中国の国家プロジェクトである。1919年に孫文が提唱したことに始まる。その後紆余曲折をたどり、1992 4月の全人代で着工が正式に承認された。1993年7月、政府が承認し工事が始まり、1994年に李鵬首相(当時)が現地着工式で正式着工を宣言した。2009年の完成を目指す。その規模から、「万里の長城」建設以来の大工事といわれる。三峡ダムが目指す総貯水量393億立方メートルは、日本にあるダムの貯水総量のおよそ2倍にも相当する。

9 任大川は四川省のある県において実施された国有企業の産権改革を調査しているが、改革後の政府と企業の関係の変化には関心が向けられていない。調査のファインディングスとして、地方政府が従業員の雇用を保障するために企業救済の論理を立てて産権改革を実行したことが述べられている(任大川 2001)。

第6章　産権改革と地方政府の役割

はじめに

　前章で示したように、国有企業の改革の90%を占めているのは、地方政府管轄の国有企業の改革であり、その産権改革の過程はコーポレート・ガバナンス論では分析し切れない側面を含んでいた。産権改革をより客観的に把握するためには、コーポレート・ガバナンス論とは異なる視点が必要とされている。

　この章では、産権改革という国有企業の改革の最終段階において、地方政府が重要な役割を果たしているという視点から、ローカルな開発主義体制という枠組みを仮説的に提示する。そして、仮説をより精緻にする作業として、地方政府の役割を強調するOiの地域コーポラティズム論を検討する。

第1節　地方政府とローカルな開発主義体制

　1990年代の国有企業の改革の焦点は産権改革であった。その目的は、産権改革後に政府が企業経営に介入するのを排除し、企業の側に経営の自主権を確立することであった。しかし地方の国有企業に目を向けると、現実に起こっているのは産権改革によっても依然として政府と企業の密

接な関係が続くという事実である。その事実は、産権改革が少なくとも地方の中小型国有企業の改革には不適切であったことを意味しているのだろうか。もっと直裁にいえば、地方では産権改革は失敗に終わったことを意味しているのだろうか。

　私見によれば、否である。そもそも産権改革はあくまでも手段である。その目的は、業績の悪い国有企業の経営効率を改善することである。少なくとも上の二つの事例からいえるのは、産権改革の過程のなかで、生産性の回復の見込みのない企業は淘汰され、他方で生産性の向上が見込める企業については改革後、経営の改善が見られたということである。つまり目的はある程度達成されているので、「成功」とまではいえないかもしれないが、少なくとも「失敗」はしていない。経営と所有の分離によって、経営者にフリーハンドが与えられなかった点が、当初の想定と異なっているにすぎない。逆にいえば、地方政府の企業経営への関与がなくならなかったのに、企業経営者のなかで経営へのインセンティブが低下しなかったわけである。それはなぜか。

　少なくとも第4章で検討した上原一慶と今井健一のコーポレート・ガバナンス論は、この問いに答えることができない。彼らが問うのは、政府の企業経営への介入を排除し、同時に経営者の私利追求行為をも防いで、経営効率の改善を実現するために、どのように所有権改革を進め、どのようなガバナンスの仕組みを構築するべきかという問題である。産権改革を行えば、所有と経営が分離し、経営の自主性は確保されるというのがその議論の前提である。したがって産権改革にもかかわらず政府と企業の関係が依然として密接であることは、彼らの議論にとっては想定外のことなのである。

　では、地方政府の企業への関与がなくならなかったのに、企業経営者のなかで経営へのインセンティブが低下しなかったのはなぜかという問いについて、どう考えたらよいのだろうか。実はその問いの前提には、政府と企業の密接な関係は経営者にとって常に足枷になるというテーゼ

第6章　産権改革と地方政府の役割　153

がある。それは社会主義計画経済体制下において国有企業の経営者には全く経営の自主性がなく、管轄する政府機関の指令どおりに動く機械のような存在であり、生産増強への意欲が減退したという歴史的事実に由来するものであろう。

　しかし、地方政府と企業の関係の内容は、計画経済時のものとは異なっている。たとえば、上の二つの事例において地方政府が企業に対して行っているのは、企業が市場における競争において優位を占めるように側面から援助することである。地方政府の側面支援のもとでよい業績を生み出すべく経営努力するという姿が、成功した産権改革後の企業経営者に共通して見られる。したがって、「地方政府と企業の密接な関係にもかかわらず」ではなく、「地方政府と企業が密接に関係するがゆえに」企業経営者の経営へのインセンティブは低下しなかったと考えなければならない。

　ここからいえるのは、地方政府の行為を視野に入れなければ、地方における国有企業の改革を十分には分析できないということである。具体的にいえば、地方政府が経済成長への強い動機づけをもっており、地域内の諸資源を最大限に動員してその実現を目指していることを想定しなければ、上の問題は説明できない。そのような地方政府の志向性をここではローカルな開発主義と呼び、そのために地方政府が構築する様々な制度的手段の総体をローカルな開発主義体制と呼ぶことにしよう。その用語を使って仮説的に述べると、産権改革がローカルな開発主義体制という枠のなかで行われるならば、政府と企業の密接な関係は企業の経営効率の改善に貢献しうるということになるだろう。

　このように、国有企業の改革の研究には、地方政府の開発主義的行為との関連においてそれを把握するという視点を導入することが必要であると思われる。ローカルな開発主義体制がどのような制度から構成され、またそれら諸制度間がどのように連接され、さらにその体制自体がどのような条件のもとで再生産されるかを事例に即して明らかにすることが

求められるが、その課題に向けた準備作業として、地方政府の開発主義的行為に注目した既存の研究を検討したい。

第2節　経済発展における地方政府の役割

　中国において地方政府が経済発展において果たす役割に注目した研究の蓄積は少なくない。ただし、それらは主として郷(行政単位としての「村」)、もしくは鎮(行政単位としての「町」)における集団所有制の企業(＝郷鎮企業)と郷政府・鎮政府を研究対象とするものである。それらの研究を貫く基本的な問題意識は、①郷鎮企業の所有権は曖昧であり、様々な制限が加えられているのにもかかわらず、なぜ郷鎮企業は持続的な高成長を遂げることができたのか、②郷鎮企業の経営に地方政府が関与しているのにもかかわらず、なぜ郷鎮企業は持続的な高成長を遂げることができたのか、というものである。これらの問題意識の背後にあるのは、持続的な経済成長には私的所有制に基礎づけられた組織と制度が不可欠であるという命題への疑問である(菊池道樹 1998：163)。

　私的所有制の基礎の上で、政府の介入を排除して、企業が合理的な経済活動を行えば、市場メカニズムが効率的に作動して、持続的な経済成長が達成されるというのが、新古典派経済学の教えるところである。それに従うならば、計画経済から市場経済へ経済体制を改革することを選択した移行経済の国がとらなければならない政策は、私有財産制の容認、価格の自由化、所有制の改革を通しての国有企業の民有化である。実際に社会主義計画経済体制をとっていた旧ソ連および東欧諸国は、そのシナリオに従って急進的な改革を行った。その結果が長期にわたる経済不振であることは、改めて説明するまでもないだろう。つまり一挙に制度改革を行っても市場メカニズムが作動し、経済成長がもたらされるわけではないことを現実が示したのである。

　一方、中国は計画経済から市場経済への改革を進めているが、社会主

義という原則を守っている。改革開放政策が始まってから10数年以上経過した1990年代に至って産権改革をようやく行い始め、法人財産権が社会的に確立された。しかしそれにもかかわらず、政府の企業経営に対する介入は払拭されていない。払拭されていないどころか、人事面では党＝政府の影響力は依然として大きい。当然、国有企業の民有化は中小型企業を除けば進んでいない。このように誰が見ても市場メカニズムの導入は不十分であるのに、中国経済は持続的に成長している。市場原理が未発達であり、不完全であるのに、なぜ経済成長を続けることができるのか。

　一つの解釈は、旧ソ連および東欧諸国の改革があまりに急進的であったために、改革の目標を達成することができなかったというものである。逆に中国の改革が漸進主義的手法をとったことが、中国経済が成長した要因だと考えることになる。改革の方向としては正しいが、改革の進め方の差異が結果の差異につながったという考え方である。しかし、この考え方は、ではなぜ漸進主義的改革手法が急進的改革手法に比べて経済成長という結果を生む上で優れているのかという別の問題を提起することになる。結局、問題の解明につながるものではない。

　そこでもう一つの解釈であるが、私的所有制の基礎の上で、政府の介入を排除して、企業が合理的な経済活動を行えば、市場メカニズムが効率的に作動して、持続的な経済成長が達成されるという命題自体に問題があるのではないかという解釈である。そこでクローズアップされるのが政府の役割である。移行経済は市場経済が未発達であり、不完全である。そのような条件下において、政府が市場への介入を少なくすればするほど経済が成長するという命題は妥当しないのではないか。むしろ政府が国内市場の形成、市場秩序の維持、市場のプレーヤーである企業の育成にあたってなんらかの役割を果たし、それが経済成長の一つの要因となったのではないか。これが政府の役割を再評価する視点が主張しようとすることの要点である。

この政府の役割を再評価する視点は、東アジアおよび東南アジア諸国家の経済開発過程における政府の役割を分析する研究と呼応している。代表的な研究は、青木昌彦・金瀅基・奥野正寛編(1997)である。そこで主張されているのは、発展途上段階にあった東アジア諸国の経済発展において政府が「市場補完」的な役割を果たしたということである。それは、当時通説であった東アジアでは政府が市場に代わって経済発展を主導したという見方、またそれとは全く逆に政府が市場に関与しなかったからこそ東アジアの経済発展が起きたという見方、これら二つの両極端な見方への批判を意図していた。中国経済は計画経済から市場経済への移行経済としての性格をもっているが、同時に伝統経済から市場経済への移行経済、すなわち発展途上国型の経済でもある(加藤弘之 1994)。青木らの研究の射程範囲に中国が含まれるのはいうまでもない。

　中国において経済発展に政府がどのような役割を果たしているかを見ようとしたとき、最初に目に入る特徴的な事実は郷レベル、鎮レベルの地方政府の役割である。というのは、1980年代半ばの郷鎮企業のめざましい発展は、まさに驚くべき現象だったからである。そこから地方政府がどのような役割を果たしたのかが興味ある研究テーマとなり、地方政府の役割に関する仮説が提出されることになる。そこから生まれたのが、Oi, Jean C.(1992; 1995)の「地方政府コーポラティズム」(local state corporatism)[1] の概念、Walder, Andrew G.(1995)の「産業組織としての地方政府」論、加藤弘之(加藤 1997)の「地域コミュニティ」型政府の概念などである。

　Oiが研究対象にしているのは郷鎮政府と農村企業の関係であり、他方で加藤が考察の対象としているのは県以下レベルの農村とその地方政府である。したがって彼らの仮説を都市部の国有企業にそのまま適用することには慎重でなければならない。

　しかし菊池が指摘しているように、中国の地方政府の役割に関するOiの「地方政府コーポラティズム」論はこの問題に関する最も影響力のある

第6章　産権改革と地方政府の役割

議論である(菊池 1998：186)。そこで次にOiの「地域政府コーポラティズム」論の内容について検討したいと思う。

第3節　地方政府コーポラティズム

この節では、Oiの地方政府コーポラティズム論をやや詳しく見ていきたい。主として1995年に発表された「中国の移行経済における地方政府の役割」という論文に沿って、Oiの主張の骨子の把握に努めたい。

地方政府コーポラティズムとは何か

Oiは、まずすべての国家は経済発展においてなんらかの役割をもっていることを指摘する。しかし国によってその役割は異なる。一方の極にあるのは、自由放任主義の国家であり、そこにおける国家の役割は、契約、財産権、また市場の他の制度が尊重されるために、安定的な環境を確保することに制限される。もう一方の極にあるのが計画経済体制の社会主義諸国である。そこにおける国家の役割は官僚制的分配と計画である。その中間に位置するのが、日本のような資本主義開発国家と東アジアの新しい産業国家である。それらの諸国は計画経済でもなければ、自由放任経済でもない。国家は最小限の役割ではなく、積極的な役割を果たす。計画は存在するが、それは企業に市場経済のなかで比較優位を創造するよう調整するためのものである。

Oiによれば、ポスト毛沢東体制の中国(＝改革開放政策以後の中国)は、毛沢東主義国家(the Maoist state)から継承した要素と、上述の資本主義的な開発国家(capitalist developmental state)に見られる要素を混合した戦略をとっている。計画経済を捨て、市場経済を志向し、国家主導の経済成長を国家目標としている点において中国は開発国家と共通する点をもつようになった。他方、共産党が政権を掌握し続け、私的所有制の導入を急がず、政治改革を行わない点で毛沢東主義国家の特徴を継承してい

る。後者の点は旧ソ連や東欧諸国と異なる点である。

　中国に経済成長をもたらした諸要因の核心部分にあるのが、地方政府コーポラティズムである。Oiが注目するのは、地方政府と地方政府の官僚が郷鎮企業の経営に関与している仕方である。企業グループの本部が傘下にある企業の経営をコントロールするのと同様に、地方政府が郷鎮企業の経営に関与している実態を捉えて、そうした行政組織と経済組織の結合を地方政府コーポラティズムと呼んだのである。地方政府はその管轄範囲内にある企業を大きな統合体の一構成要素とみなし、地方官僚は会社の重役のような役を演じる。場合によっては、直接会社の重役になるときもある。そしてこの会社のような組織の主導権者は共産党の書記である。

　郷鎮企業の所有権は地方政府に握られている。所有権を背景に「所有者－規制者」関係が郷鎮企業との間に形成されている。先に述べたように、地方政府は企業に対して経営自主性を制限したり、企業利潤を使用したり、投資機会を割り当てたりしており、郷鎮企業を育成するために多くの時間と努力を費やすことを惜しまない。地方政府は郷鎮企業に対して計画と監視を続けているのであるが、企業をモニターする政府の能力は、中央政府から下りてきた計画ノルマの達成に向けられるのではなく、地方の産業政策を実現するために発揮されている。

　郷鎮企業の日常的な経営は経営者に任されているが、ほとんどの経営者は独立した企業家というより雇用された経営者である。企業経営に関わる重要な決定権は、党書記、地方政府の経済委員会、地方政府の首張にある。党書記が経済的意思決定において重要な役割を果たしているが、そのことは政治的思惑やイデオロギーが経済的意思決定に日常的に入り込むことを意味しているわけではない。党書記自身が経済発展を主導する指導者なのである。

　地方政府コーポラティズムが形成されるにあたってOiが強調するのが経路依存性である。つまり改革以前の毛沢東主義的体制を全面否定し

たところに地方政府コーポラティズムが形成されたのではなく、その体制が作り出し、蓄積した様々な社会的資源に制約されていることをOiは強調している。「中国の改革経験は制度の変化によって変えられた経路依存性の物語」(Oi 1995：1132)だというのがOiの基本認識である。ポスト毛沢東体制の中国は、毛沢東主義システムの主要な特徴を保ちながらも、市場経済志向的な発展戦略をもっている。その意味でそれは質的に新しいタイプの開発国家である。

地方政府コーポラティズムの機能

Oiによれば、地方政府コーポラティズムには三つの主要な機能がある。第一に官僚制を利用して市場生産を促進する機能である。地方官僚は行政的な官僚制を情報と資源の自由な通路に変えて市場生産を促進する。個々の企業は自由に市場を研究し、生産ラインの開発を行う。他方で地方官僚は、彼らがもっているコネと官僚としての地位を利用して、地方経済の成長に貢献する情報を獲得する。とくに競争的な国際マーケットに進出する際にそれは大きな意味をもつ。

この点において、改革開放政策以前の官僚システムが役に立った。経験と組織の力が不足した官僚制に悩まされたアフリカ諸国やラテンアメリカ諸国とは異なって、毛沢東主義システムにおける官僚制は入念なネットワークを形成した。それは全国の各レベル、地域住民、単位にも広がっている。官僚制は高密度の情報ネットワークとして、地方政府の官僚によって、有用な情報を必要とする企業のために利用された。国際的な視点から見れば、中国の官僚機構は高水準の統制を実現したシステムである。国家の計画は各レベルの官僚組織を通して効率的に末端の生産者に伝達された。同時に、中央政府の権力は分散され、中央政府と並んで地方政府にも政策的手段を行使する余地を生み出した。地方政府でも政治的能力があれば、独自の政策を展開する余地が制度的に準備されていたのである。それは強力な内閣のシステムが地方政府を飛び越え、

国の計画を直接に企業に伝える旧ソ連とは異なっている。このような官僚組織は、計画経済時代においては非効率な経済と関連していたが、地方政府コーポラティズムという新しい発展の社会的枠組みのなかで、成長を生む条件の一つを形成した。つまり計画経済時代の負の遺産とみなされていたものが、逆に成長の条件になったのである。

　地方政府コーポラティズムの第二の機能は、行政の力を利用して管轄内の企業に成長するための資金を提供することである。地方政府は郷鎮企業の事実上の所有者なので、地方政府が媒介して資金を高収益企業から他の企業に再配分することが可能であるし、直接企業に対して経営者を指名することもできる。つまり地方政府は管轄下の企業経営をモニタリングし、経営管理能力のない経営者を交代させることができる。あるいは地方政府はインフォーマルな借金手続きを通して一つの企業から税を徴収し、他の事業を開発するためにそれを使用することができる。企業の側から見れば、この機能は事業展開に必要な資金を調達するときの大きな援助となる。管轄内の郷鎮企業の所有者は地方政府であるので、融資を受ける際の保証人は地方政府である。資源と債権の共同管理のシステムが形成されているわけである。地方政府コーポラティズムのもとで銀行、金融、税務署と県、鎮、郷の関係はきわめて密接である。

　地方政府は郷鎮企業の所有権を掌握していることによって、通常が産業政策を実行する政策手段をはるかに超えた方法を機動的に使うことができる。それはあたかも一つの企業グループ内で高収益の事業部門から低収益の事業部門に対して資金を融通し、全体としてのグループ企業の成長を実現しているかのようである。この第二の機能によって、コーポラティズム戦略を発展させることが可能になるのである。

　地方政府コーポラティズムの第三の機能は、選択的な資源配分機能である。いま述べたように、地方政府コーポラティズムのもとで地方政府は管轄下の企業経営をモニタリングし、必要であれば経営に介入するのであるが、その際、どの企業も平等に扱うわけではない。そこが計画経

済体制とは異なる点である。目標は経済成長であり、資源の再配分は経済成長に貢献すると見込まれる企業が選択される。地方政府は企業をランクづけ、そのランクに従って企業に提供するサービスと援助の水準を決定する。

地方政府コーポラティズムを生んだ制度的条件

　このような地方政府コーポラティズムが形成された制度的条件は何であろうか。Oiが指摘するのは、農業の非集団化と財政改革という二つの制度的変化である。農業の非集団化とは人民公社の廃止、および農家経営請負責任制の導入を意味する。それは地方政府から農産物売却収入権を奪った。そのために農業以外の産業集積のない地域の地方政府は、ほとんどの歳入源を失うことになった。しかし1980年代中頃の中央政府の財政改革によって、地方政府は財政収入の一部を地元に留保することができるようになった。計画経済体制下の財政制度のもとでは、地方は収入のほとんどすべてを上納しなければならず、上納後に国から財政割り当てが与えられるので、より多くの財政収入を得ようとするインセンティブが地方政府には働かなかった。地方政府は上級政府の官僚制的緩みを最大限利用することで(つまりレント・シーキング活動によって)割り当てを増やそうとするだけであった。ところが農業からの税収が期待できなくなった代わりに地方税収の一部を留保することができるようになったために、地方政府は管轄する地域内で工業を振興するよう動機づけられることになった。逆にいうと、それ以外に歳入を確保する見込みはなく、どこからも援助されることはないので、自力で工業企業を興す以外にすべはなかったのである。

　かくして農業の非集団化と財政改革という二つの制度的変化によって中国の地方政府は、経済主体として完全に独り立ちすることになった。第2章で述べたように、1980年代において最も市場経済化が進行していたのは、農村および農村工業の領域である。市場経済化が急速に進むと

いう経済環境において、制度的変化は地方政府に対して起業的になろうとする強い経済的なインセンティブを与えた。地方政府は行政サービスの供給者としての役割だけではなく、それ自身が起業家になった。起業家と政府の役割をブレンドした地方政府が誕生したのである。

地方政府が起業家の役割を引き受けた背景には、もう一つの要因がある。地方政府が1980年代の中頃の最初に中国の農村工業が急速な成長を始めた時に、私的企業の迫害の記憶をもっている将来の私的起業家たちは、中国の政治の変動を信じなかった。私的個人にとっては政治的危険とコストが大きいので、行動を起こすことはできなかった。したがって起業家の役割を担い、農村の工業を始めることができる主体は地方政府以外になかったのである。Oiは述べていないが、これも一種の経路依存性の表れであるといえるかもしれない。

移行経済への教訓

中国の地方政府コーポラティズムから、移行経済にある国に対して、どのような教訓を引き出すことができるだろうか。Oiが指摘するのは次の四点である。

第一に政府介入と市場に関して二者択一的発想が正しくないということである。政府が市場かではなく、政府と市場の相互作用および政府行動の調整を考えるべきである。二者択一的発想に基づいて、旧ソ連・東欧諸国の計画経済の崩壊後、政府を経済から放逐する動きがあったが、それは誤っていた。

第二に経路依存性の重要性である。中国と旧ソ連・東欧諸国を比較すると、両者ともに計画経済体制であったが、中国の計画経済体制はより分権化されていた。そのために、地方政府の官僚は制度的変化が起こりインセンティブが与えられると、即座に起業家的役割を担うことができた。しかしながら、同じことがソビエト連邦でできたかどうかは疑問である。というのは、旧ソ連においては計画は中央から直接企業に届き、

地方政府をパスしていたからである。

　第三に改革には強い国家能力が地方と中央の両方のレベルに存在しているが必要があるということである。中国は、改革が始まった後も経済活動を統治する能力を維持した。改革前夜、改革を決定する強さをもっていただけでなく、改革後、改革のコースをコントロールする十分な能力をもっていた。

　第四に私有制が経済成長の唯一の条件ではないということである。中国の地方政府コーポラティズムが示しているように、起業家としての地方政府の成功は、民営化が経済成長を刺激する唯一の方法ではないことを示唆する。中国の継続的な成功の秘訣は、地方政府の官僚が企業を援助したことにある。このような公私の協力が中国を東アジアのNIESのような開発国家モデルに近づけたのである。

第4節　国有企業への適用可能性

　さて、以上見てきたOiの地方政府コーポラティズム論の最も重要なポイントは何だろうか。それは農業の非集団化と財政改革という制度的変化である。それらの制度的変化によって、地方政府に財政収入の極大化を目指すというインセンティブが生じ、それが経済成長につながった。とくに1980年代の中頃には、市場経済化が徐々に社会に浸透するなかで、中央政府の財政改革によって、地方分権化が進み、地方政府の財政的独立性が強まった。

　地方分権化が地方政府の市場経済化に効果的であることは、Montinola, Gabriella, Yingyi Qian and Barry R. Weingast も主張している。Montinolaらは「市場保全型連邦制」(market-preserving federalism)の概念を用いて、中国の高度成長を説明した(Montinola, Gabriella, Yingyi Qian and Barry R. Weingast 1995)。市場保全型連邦制とは連邦制の特殊形態である。連邦制は、①政府間のヒエラルヒー、②各政府の自立性の二つの要素を

もった統治構造である。その二つの要素にさらに③経済に対する責任をもつ地方政府、④共通市場、⑤下級政府のハードな予算制約、の三つの要素が加わると、市場保全型連邦制が成立する。市場保全型連邦制は、地方の権力を拡大し、市場に対する中央政府の権力的介入を軽減することによって、経済成長を促進する。Montinola らによれば、1980年代の財政請負制導入後の中国の中央－地方体制は、まさに市場保全型連邦制の一類型(market-preserving federalism, Chinese style)である。ハードな予算制約に直面した地方政府が、成長を追求して互いに競争し、制度環境と投資環境の整備に努めたのである。そのことが、私有財産制を導入しないにもかかわらず、中国が高い経済成長を実現できた要因である。

　地方政府が財政的に独立性を高め、自らの経済的利益の最大化を目指す組織主体になることで、地域間競争の激化がもたらされる。地方政府は経済成長を持続させるためには、その地域間競争に勝ち残らなければならない。地域間競争が激しくなればなるほど、財政収入を非生産的な支出に回す余裕はなくなり、生産的な投資配分する必要性が高くなる。有効な投資を行うためには、地域内の企業の経営を常にモニタリングし、どの企業に投資したら高い収益が見込め、税収の伸びにつながるかを常に把握しておく必要がある。逆に経営改善が見込めないと判断される企業に対しては、タイムリーになんらかの対策を講じることが必要になる。対策が遅れることは、それだけ無駄な投資をしたということであり、投資効率の低下につながる。しかも企業の収益悪化は税収減に直結する。企業経営者、従業員だけでなく、地方政府が企業経営の改善にインセンティブを与えるメカニズムはこうして生まれたと考えられる。

　もしも地方政府が中央政府のように通貨発行やインフレ防止などのような政策を実行できる権限をもっているならば、管轄する企業経営を改善することを通して税収を確保するという動機づけが働かず、別のもっとコストの低い手段をとったかもしれない。しかし地方政府にはそのような手段は与えられていなかった。連邦制の構造をとっていたために、

その地域経済が成長したときだけ地方政府の税収を拡大させることができた(Qian, Yingyi and Barry R. Weingast 1997)。つまり企業経営を改善させるよう制度環境・投資環境を整備するしか事実上道がなかったわけであり、地方政府の官僚、企業経営者、企業の従業員に対して、経営改善のインセンティブがもたらされたのである。

ここで注意しておかなければならないのは、財政改革という制度的変化によって地方政府に財政面でのインセンティブが与えられたことだけではない、ということである。地方政府自体が他の地方政府との間で激しい競争をしていることが重要である。というのは、青木昌彦がいうように、所得上昇と広域市場の獲得を巡って互いに激烈に競争するというメカニズムを通じて、地方政府自身が有効なモニタリングに服しているからである(青木昌彦 1995b：170)。

さて、以上の議論を産権改革後の国有企業と地方政府との関係に適用することが可能であろうか。

本章第1節において、地方政府が経済成長への強い動機づけをもっており、地域内の諸資源を最大限に動員してその実現を目指していることを想定しなければ、「地方政府と企業が密接に関係するがゆえに」企業経営者の経営へのインセンティブは低下しないという現象を説明できないことを述べた。そして、地方政府が経済成長への強い動機づけをもっており、地域内の諸資源を最大限に動員してその実現を志向することをローカルな開発主義と呼び、そのために地方政府が構築する様々な制度的手段の総体をローカルな開発主義体制と呼んだ。産権改革がローカルな開発主義体制という枠のなかで行われるならば、政府と企業の密接な関係は企業の経営効率の改善に貢献しうるという仮説を述べた。

Oiの地方政府コーポラティズム論や Montinola らの市場保全型連邦制論が教えているように、ある制度的条件のもとで、地方政府の企業経営に対する介入は経営改善につながりうる。ある制度的条件とは財政の分権化とハードな予算制約であった。地方政府管轄の国有企業の場合、そ

の制度的条件は同じである。また地方政府自身が市場獲得をめぐる地域間競争を通じて有効なモニタリングに服していることが条件であったが、それも国有企業のケースにも当てはまる。

問題はむしろOiやMontinolaらへの批判が、ローカルな開発主義体制仮説にも同様に向けられるということだろうと思われる。加藤弘之は、OiやMontinolaらが指摘する「地方政府主導型発展」は、市場経済への移行の初期段階ではきわめて有効に機能したことを認めつつ、市場化の進展につれて次に三つの限界をもつようになったと主張している(加藤 2003:118-121)。第一に地域格差の拡大である。第二に地域保護主義の台頭である。第三に所有関係の曖昧さがもつマイナス面の顕在化である。加藤の指摘によれば、以上の三要因に加えて「不足経済」から「過剰経済」への移行というマクロ経済環境の変化によって、市場経済への移行の初期段階に有効であったシステムはもはや機能しなくなっている。OiやQian, Yingyi and Barry R. Weingastも新しい事態の展開を前にして、自説の練り直しを迫られている。

しかし、加藤のこの指摘にどう答えるのかは、本書の守備範囲を超える。加藤自身、自らの実証研究に基づいて議論を展開しているわけではなく、問題の所在を今度の課題として指摘するにとどまっている。地方政府の役割がどのように変化するのか、また経済成長を生み出してきた地方政府コーポラティズム(あるいは筆者の概念を使えば、ローカルな開発主義体制)がどのような変質を迫られるのかについては、今度の課題として残されている。

[注]

1　Oiのlocal state corporatismの訳語であるが、菊池道樹は「地方国家コーポラティズム」(菊池道樹1998)、加藤弘之と南裕子は「地方政府コーポラティズム」(加藤弘之1997; 南裕子1999)、今井健一は「地方コーポラティズム」(今井健一2000b)と訳している。ここでは加藤にならって「地方政府コーポラティズム」と訳す。

終章　産権改革と社会主義公有制

はじめに

　この章では、前章までの産権改革の分析を踏まえた上で、産権改革が中国の社会主義体制の変質につながるものかどうかを論じる。具体的には、産権改革という所有制度の改革が社会主義公有制という原則に変更を迫るものなのかどうかを考察したい。国有企業改革から現在の中国社会の変化をどう見るかについての試論である。

第1節　産権改革に着目する意義

　最初に、産権改革の段階にまで国有企業改革が進んだことの意味を再確認しておきたい。産権改革に注目することは、国有企業の改革のみならず、改革開放政策によって中国社会がどのように変化するかを考える上でも、重要な意義をもっている。というのは、それが所有制度の改革であるがゆえに、社会主義公有制という社会主義国家中国の国家原理に抵触する問題をはらんでいるからである。所有制度の改革にまで踏み込んだという意味で、改革開放政策は一段と深化したといえるが、ではこの先どのような社会が形成されるのかについて視界は良好ではない。

　しかし、目指している社会の姿が明確なものでないにせよ、現在の中

国社会で構造的変化が進行中であるのは確かだと思われる[1]。たとえば、村民委員会リーダーの直接選挙、私営企業家の共産党への入党許可などは、産権改革と並んで中国社会の大きな変化を予感させる出来事であった。さらには、江沢民の「三つの代表」論は、階級政党から国民政党への共産党の脱皮を説いたものと解釈できるという意味で、中国社会の変化の基礎に「社会」領域の相対的自律化の動きが存在していることを逆照射したといえよう[2]。

　中国社会の今後の方向性については、次のように表現できるのではないか。一つの極は、中国がテクノクラートによる権威主義的統治の側面を残しつつも、私的所有制を導入し、より制度化された市場経済を樹立する方向を目指す道である。いま一つの極は、市場経済を推進しながらも、あくまでも公有制という基本原則を堅持し、社会主義体制を維持する方向を目指す道である。前者は経済成長を志向する開発主義国家へと通じる道であり、後者は理念を重視する社会主義国家にとどまる道である。

　現実の中国社会は、その両極を結ぶ線上のどこかに位置していると考えられる。その意味で現在の中国は、資本主義の要素と社会主義の要素が混在した混合体制の国であるともいえる。あるいは、過去20数年の改革開放政策の歩みが、時々で路線の対立を含みながらも、一貫して前者を志向していることを考えると、中国は移行期の社会だということもできる。いずれにせよ、中国社会論が答えるべき問題は、中国社会がその線上のどこに位置しているかということ、および中国社会がその線上をどの方向に向かって動いているのかということである。そして、それを見極めるための重要な観察拠点の一つが国有企業の改革、とりわけ1990年代の産権改革であると考える。

第2節　株式会社化と公有制原則

終章　産権改革と社会主義公有制

　産権改革は、1993年9月の中国共産党第14期三中全会において、「社会主義市場経済」路線が決定されたことが根拠となって始まった改革である。国有企業改革に関して、計画経済と市場経済の併存を前提とした経営請負制の導入という路線と決別し、計画経済を否定し、市場経済化を全面的に推進することが決まった。国有企業を株式制企業や株式合作制企業に改組したり、法人・個人に売却したりすることなど、様々な方法で改革することが容認された。それはまさに所有制の改変に直結する改革方針であった。

　産権改革において問題になったのは、社会主義公有制という原則と所有制度の改革をどう「融和」させるかということである。田中信行は、社会主義の原則に抵触しかねない株式制度がどのような経緯を経て国有企業に導入されたかについて論じている(田中信行 1994)。田中によれば、社会主義体制を標榜する中国では、「民有化なき民営化」を達成しなければならない。そのために経営請負責任制は都合のよいシステムであったが、結局、企業の活性化につながる決定打にはなりえなかった。そこで経営請負責任制に変わって期待されたのが株式制度である。株式制度は1980年代に実験的に導入されたが、主として国家の資金不足を補うルートの拡大が目的だった[3]。それに対して国有企業の改革のための株式制度の導入の目的は、「所有と経営の分離」である。しかしそれは「民有化なき民営化」という社会主義原則に抵触する恐れがある。そこで「公有制のもとでの株式会社」という新しい概念が案出された。その意図は、公有制企業の株式の多数を国家が保有することによって、公有制の優位を確立することであった。そのために、資本主義諸国における株式制度の基本原則である株式平等の概念が否定され、権利・義務関係の異なる数種の株式を発行した。かくして「公有制のもとでの一企多制」という株式会社の形態が成立した。しかしその後、株式の平等原則を確立する方針転換が行われ、「公有制を主とする株式制」は「公有制を多数とする株式制」へ転換した。しかしながら、この方向性は社会主義の砦である公有制を

破壊する可能性を秘めたものであることを田中は指摘している。

ただし株式会社化が公有制を破壊する可能性を秘めたものであることは、田中の指摘するとおりであるかもしれないが、それはあくまでも可能性であり、1990年代前半の田中の論文が書かれた時点において公有制が雪崩を打って崩壊しているとはいえなかった。

そもそも党＝政府の公式見解に従えば、株式会社という企業形式自体は社会主義公有制に反するものではない。株式会社化は、イコール民有化ではない。国家は株主として企業の所有者であり続ける。株式の多数を国家株が握り、その国家株の市場における流通を許さなければ社会主義公有制は守られる、というロジックである。

ところが、党＝政府の方針は徐々に民有化の方に向かってシフトしていく。第2章で述べたように、1995年の第14期五中全会で「抓大放小」政策が打ち出された。「抓大放小」政策は、大型国有企業に重点をおき、小型国有企業に対しては合併、廃止、競売、リースなどによって改革を進めるものだった。しかし「抓大放小」政策は、言論界に論争を巻き起こした。小型国有企業の売却は社会主義公有制という政権の基盤を揺るがすという批判である。しかし1997年9月の共産党第15回大会において、当時の江沢民総書記が公有制を混合所有の中の国有資本、公有資本を含むと再定義し、国家の資本を経済の基幹的部門に集中させる方針を打ち出した。「国有経済の戦略的調整」路線である（今井健一 2002b：8）。そして株式制は資本主義か社会主義かには関係なく、現代企業の一種の資本組織形式であり、所有と経営の分離に対して有利であり、企業と資本の効率を高めることができることが指摘された。それは「抓大放小」政策を再確認することであり、また株式制への転換、中小型国有企業の売却にゴーサインを出すことであった。1999年9月の中国共産党第15期四中全会において、この国有経済の戦略的調整路線は再確認される。これによって中小型国有企業の民営化は党＝政府の公式な路線となった。しかし大型国有企業は株式会社への改組は既定方針であるが、その民有化まで踏み

終章　産権改革と社会主義公有制

込んだ決定はなされていない。それに関して、市場経済を発展させることを目指す改革派と社会主義公有制を堅持しようとする保守派の対立は依然続いている（加々美光行 1998；田中 2000）。

では、いったい公有制原則は維持されるのだろうか。それとも、大型国有企業に関しても、なし崩し的に民営化の方向に進むのだろうか。あるいは表面的には公有制の建前を維持しながら、時間をかけて民営化するのだろか。あるいは公有制を実質的にも維持する道が選択されるのだろうか。

この問題をめぐっては論者によって微妙にニュアンスの差はあるが、民営化の方向を予想する主張が多いようである。たとえば黄孝春は湖北省の美爾雅紡織服装実業集団公司の事例を分析している。国有資産の代理人であるはずの経営者が、産権改革を経て経営の改善に成功するなかで企業に対する支配権を次第に強め、「授権経営」を経て政府に所有権の譲渡を要求するようになるまでの過程を分析している。この完全な私有化を求める企業の行動は、黄によれば、「所有権と経営権の分離がもたらした経営者支配の帰結」（黄孝春 2000：69）である。黄の事例研究は、授権経営を行えるような有力な企業は、そこでとまらず完全な私有化を目指す傾向があることを指摘したものである。

任大川は四川省の小型国有企業の産権改革についての実証研究を行い、小型国有企業の産権改革が「表面上私有化に近似するものであるが、実際には社会主義の維持そのもの」（任大川 2001：26）という実態を明らかにしている。同時に、政府の意図がどうであれ、小型国有企業が産権改革によって民営化してしまえば、企業は市場競争にさらされることになるので、いずれ完全な民営化が必然であるとも述べている。

今井は、中小型国有企業の民営化の動きが急速に進展しているだけでなく、大型国有企業についても国家所有から離脱しようとする動きが見られることに注目する。そこに大きな変化の芽があると見ている（今井 2002c）。今井自身、明言はしていないが、国有企業から国有資本が撤退

する動きを予想していると思われる。

次節において私見を述べたい。

第3節　ローカルな開発主義体制と社会主義公有制

　政府と国有企業の関係は、その残滓はあるにしても、社会主義計画経済体制時代の関係ではもはやない。では国有企業が市場経済のプレーヤーになったかというと、そうとは言い切れない部分も残っている。とくに国有資産の流出に象徴的に示されるように、コーポレート・ガバナンスが機能していない現実もある。政府から独立した経営主体になるためには、法人財産権を確立して、市場メカニズムにゆだねるべきだという考え方が経済学・経営学の主流である。しかし、現実の国有企業の改革で起こっているのは、経済学・経営学の主流派の想定とは異なる事態なのではないかということをこれまで主張してきた。すなわち、産権改革は行ったが、政府＝地方政府と企業には、その企業が地域経済に意味のある企業である限り、その企業を含んだローカルな開発主義体制という枠のなかで、密接な関係が構造的に形成されるのではないか、ということである。市場獲得をめぐる厳しい地域間競争のなかで、地方政府自体が地方の地域経済の成長を図り、雇用の安定と生活水準の向上を志向すると、そこにローカルな開発主義体制が形成される。そのなかに単なる出資者と法人の関係を超えた政府企業間関係が形成される。産権改革によって所有と経営が分離し、企業経営者に経営のフリーハンドを与えると、乱脈経営や経営者の独走が起こりやすく、その結果企業経営が悪化し、最悪の場合倒産する。倒産は失業を生む。それを望まない地方政府は、経営者を政府や党から送り込むなど様々なルートを使って、経営に介入し、経営効率を上げようと努力する。政府自体が一つのグループ会社のように機能する。

　ここにおいて公有制か、私有制かという議論は、ローカルな開発主義

終章　産権改革と社会主義公有制　173

体制を考慮に入れて、新しい光を当てて考え直すことが必要である。法人財産権を確立することは重要であるが、企業経営に対して政府が介入する余地を残しておくことが、市場メカニズムが完全に機能としているとはいえない現状においては、経済成長のために必要なのではないかと思われる。企業に介入する主体が党であれ、政府であれ、単に市場メカニズムに任せておくことができない以上、何らかの介入の余地を残しておくことが、経済成長にとって必要ではないか。中国政府がそのように考えているならば、公有制を簡単には解消しない方針をとり続けるだろうと予想される。

　市場メカニズムの外側に秩序創出の権力主体が必要だと考える前提には、強い政府がなければ私的利害の追求に走りがちだという中国社会に対する認識がある。逆にいえば、中国においては、政府とは独立した空間に自発的・自立的秩序形成の原理をもった市民社会が存立していない、という認識である。経済学の議論は市場経済が自立的秩序形成メカニズムをもっているという暗黙の想定がある。それはホモ・エコノミクスの想定を内包している。ホモ・エコノミクスは、自立した個人として、国家がなくともそれ自身が生み出す秩序のなかで経済的に合理的な行動をとる。国家は市場の規律を乱す存在に対して司法的に対処するが、私人間の関係には介入しない。経済的に合理的な行動は、論理的にそれ以前に成立する秩序に依存している。つまり即時的にすでになんらかの秩序が形成されており、その上に立って社会の成員がホモ・エコノミクスとして合理的な経済活動を行えば、市場メカニズムによって均衡がもたらされると考えるのが経済学的思考である。市民社会の基礎には市場があり、市場の基礎には共同体（西欧社会の場合には、おそらく信仰共同体）があるという構造になっている。

　しかしこの構造は中国には当てはまらないのではないだろうか。日本をはじめとする西洋以外の文化圏の社会に普遍的に適用できるかどうかについても疑問であるが、少なくとも中国の社会的現実には当てはまら

ないと思われる。言い換えれば、国家から独立した、自発的・自律的秩序形成力をもった社会というモデルは、中国社会の現実には妥当しないのではないかと思われる。国家と区別された次元に、いわば前－社会的な集合は存在するが、それ自体で秩序形成力をもっていない。そこに秩序が生まれるのは、国家によってである。国家によって前－社会的状態が解消され、秩序がビルトインされ、治安の安定と活発な経済活動が繰り広げられることになる。秩序を維持しているのは行政権力である。中国社会を特徴づける社会の多様性と多元性が、実は一元的な政治権力に依存しているというのは、中国社会の伝統的な構造だと思われる[4]。

　このように考えてくれば、このまま戦略的曖昧性を含んだまま公有制を維持し、市場経済の原則に立脚した中央レベルでのマクロ・コントロール政策と地方レベルでの開発主義体制を共存させていくのが、社会的安定を保ち、かつ経済成長を実現し、かつ国際社会に適応するために、現在考えうる限りで最も有効な方針ではないか。少なくとも、ここ数年の中国の指導部の方針はこの方針に沿ったものになっていると思われる。経済成長を維持することによって、権威主義的開発主義を再生産する道を歩む公算が高いと思われる。経済成長を持続することによって、政治的な意味でも中国にとって良好な国際環境が作られるだろう。以上の理由から、公有制は中期的には維持されていくのではないかと筆者は考える。

［注］
1　朱建栄(2002)は同じ問題意識を述べている。
2　中国共産党の非階級政党化を論じているものとして園田茂人(2001)を参照。
3　複数の投資者により出資される企業形態として捉えた場合、株式制企業の試行は、1979年に改革開放政策が始まった後、農村株式合作制企業登場したことから始まる。しかし、株式制企業の試行が本格的に始まるのは、1984年に国家経済体制改革委員会が都市の集団制所有企業と小型の国有企

業を活性化させる方法として株式制企業試行を認める方針を出したことを起点とする。1993年の会社法の公布以降、国有企業の株式会社化が企業改革の方向となった。株式会社化の動きが本格化するのである(虞建新 2001：17-40)。

4 中国において国家と社会の関係をどのように捉えるかは研究者を悩ませてきた問題である。たとえば、天児慧は都市と農村、エリートと民衆、統治システムと「状況的」人間関係、政治と経済との間に見られる四つの断層性が国家と社会の二元構造を生み出していると捉える(天児慧 1992)。菱田雅晴は「社会－国家との共棲関係」という概念で把握している(菱田雅晴 2000)。

おわりに

　最後に、今後の課題について述べる。

　第一に、2000年以降、特に2002年の共産党第16回全国大会以降の国有企業改革の展開についてフォローすることである。本書が対象としたのは1990年代までであり、2000年以降の動向については詳しく取り上げていない。2003年には、中国共産党第16回全国大会で採択された決議に基づき、国有資産監督管理委員会が新たに設置された。国有資産監督管理委員会の主要な任務は国有資産の価値の保全と増大を実現させることである。すなわち、国家が株主として「資産収益率の最大化」を追求するための機関であり、これによって国有企業の「所有者不在」を解消させるために設置された。それが思惑どおり機能するかどうか、注目されるところである。

　第二に、国有企業研究の方法論をさらに洗練させることである。本書では、経営学や経済学の視点だけから国有企業を見るのではなく、改革とその改革自体がもたらした社会的変化を考慮しながら国有企業改革を中国社会の変化のなかに位置づけるという視点が必要であることを主張してきた。しかし方法論的に洗練されているかと問われると、それにはほど遠いと答えるしかない。

　本書の視点が社会学的視点かと問われると、自信がない。「意図した行為の意図せざる結果」というウェーバー的視点を意識はした。中国の改

革開放政策のなかの国有企業改革、しかもそのなかの産権改革というというきわめて限られた題材に焦点をしぼり、その歴史的個性を理解しようとした。そこから体制改革の一般理論を導き出すという志向よりも、中国の国有企業改革という歴史的個性のなかにある、およそ社会の改革がもちうる一般的な性質をより分けることによって、その歴史的個性を理解するよう努めた。

　社会学的視点とは何かと自問しながら研究を続けてきたが、確信をもってこれが社会学的視点だといえる段階にはない。しかし、先に光が見えてきたことも事実である。今後研鑽を積みたい。

参考文献

［日本語文献］

愛知学泉大学経営研究所ほか編、1995、『中国の企業改革：日中共同研究』税務経理協会。

天児慧、1996、『鄧小平：「富強中国」への模索』岩波書店。

天児慧、1998a、「地方の時代：統治体制の変容」天児慧『現代中国：移行期の政治社会』東京大学出版会。

天児慧、1998b、『現代中国：移行期の政治社会』東京大学出版会。

天児慧、2000、「中央と地方の政治動態」天児慧編『現代中国の構造変動4：政治―中央と地方の構図』東京大学出版会。

天児慧、1992、『中国　溶変する社会主義大国』東京大学出版会。

天児慧・菱田雅晴編、2000、『深層の中国社会：農村と地方の構造変動』勁草書房。

天児慧ほか編、1999、『現代中国事典』岩波書店。

青木昌彦、1995a、「移行経済のコーポレート・ガバナンス」青木昌彦『経済システムの進化と多元性―比較制度分析序説―』東洋経済新報社。

青木昌彦、1995b、『経済システムの進化と多元性―比較制度分析序説―』東洋経済新報社。

青木昌彦/ロナルド・ドーア編、1995、『国際・学際研究　システムとしての日本企業』NTT出版。

青木昌彦・Kevin Murdock・奥野正寛、1997、「『東アジアの奇跡』を超えて：市場拡張的見解序説」青木昌彦・金瀅基・奥野正寛編『東アジアの経済発展と政府の役割：比較制度分析アプローチ』日本経済新聞社。

青木昌彦・金瀅基・奥野正寛編、1997、『東アジアの経済発展と政府の役割：比較制度分析アプローチ』日本経済新聞社。

ヴィタリイ・シェヴィドコ、1996、「ロシア企業からみた経済改革の実態」長岡貞夫・馬成三・ブラギンスキー編『中国とロシアの産業改革：企業改革と市場経済』日本評論社。

曹瑞林、2000、「中国における国有企業の会社化と政府の役割変化：90年代

の企業・政府間関係に焦点をあてて」『政策科学』8巻1号（通巻17号）。
陳立行、1994、『中国の都市空間と社会的ネットワーク』国際書院。
陳錫文、1997、「中国農村改革の回顧」中兼和津次編『改革以後の中国農村社会と経済：日中共同調査による実態分析』筑波書房。
藤本昭、1991、『中国：地方開発と地方政府の役割』日中経済協会。
古澤賢治、1993、『中国経済の歴史的展開：原蓄路線から改革開放路線へ』ミネルヴァ書房。
樊鋼、2003、『中国　未完の経済改革』岩波書店。
郝仁平、1999、「経済改革にともなう政府・企業間関係の変化」南亮進・牧野文夫編、『大国への試練』日本評論社。
姫田光義ほか、1993、『中国20世紀史』東京大学出版会。
菱田雅晴、2000、「現代中国の変動をどう捉えるか」菱田雅晴編『現代中国の構造変動　5　社会－国家との共棲関係』東京大学出版会。
菱田雅晴編、2000、『現代中国の構造変動　5　社会－国家との共棲関係』東京大学出版会。
黄孝春、2000、「国有と非国有の相克―美爾雅紡織服装実業集団公司の事例を中心に」『アジア経済』第41巻第8号（2000年8月）。
今井健一、2000a、「コーポレート・ガバナンスの中国的課題」中兼和津次編『現代中国の構造変動2：経済―構造変動と市場化』東京大学出版会。
今井健一、2000b、「中国の地方分権型産業政策」丸川知雄編『移行期中国の産業政策』アジア経済研究所。
今井健一、2002a、「中小国有・公有企業の民営化：所有改革のダイナミクス」『中国の公企業民営化（アジ研トピックリポートNo.47）』日本貿易振興会アジア経済研究所。
今井健一、2002b、「中国の公企業民営化」『中国の公企業民営化（アジ研トピックリポートNo.47）』日本貿易振興会アジア経済研究所。
今井健一、2002c、「『第二の革命』終章への序曲」『東亜』2002年10月号。
井村進哉・福光寛・王東明、2002、『コーポレート・ガバナンスの社会的視座』日本経済評論社。
稲上毅、2000、「新日本型コーポレート・ガバナンスと雇用・労使関係」稲上毅・連合総合生活研究所編『現代日本のコーポレート・ガバナンス』東洋経

済新報社。

稲上毅・連合総合生活研究所編、2000、『現代日本のコーポレート・ガバナンス』東洋経済新報社。

井上隆一郎、1996、『中国の企業と産業：21世紀への展望と戦略』日本経済新聞社。

石川恵美、1996、「中華経済圏の形成とPRCの地方分権化」『国際政治』第111号。

磯部靖、2000、「根をはる地方保護主義―知的所有権保護をめぐる実態」天児慧・菱田雅晴編『深層の中国社会―農村と地方の構造的変動』勁草書房。

伊丹孝之、2000、『日本型コーポレート・ガバナンス：従業員主権企業の論理と改革』日本経済新聞社。

岩井克人、2003、『会社はこれからどうなるのか』平凡社。

加々美光行、1993、『市場経済化する中国』日本放送出版協会。

加々美光行、1998、「新たな発展パラダイムを求める江沢民政権―干光遠と李延明との対話を通じて」、愛知大学現代中国学会編『中国21』臨時増刊号（1998年6月）。

海外経済協力基金開発援助研究所、1998、『OECF Research Papers No.24 東アジア移行経済（中国とベトナム）の国有企業改革』。

加藤秀樹ほか、1995、「産業組織」榊原英資編『日米欧の経済・社会システム』東洋経済新報社。

加藤弘之、1994、「市場経済化の進展と経済発展戦略」上原一慶編『現代中国の変革：社会主義システムの形成と変容』世界思想社。

加藤弘之、1997、「市場経済化と地方政府の役割―『地域コミュニティ』型政府の機能」加藤弘之『中国の経済発展と市場化』名古屋大学出版会。

加藤弘之編、2003、『現代中国経済　6　地域の発展』名古屋大学出版会。

川井伸一、1996、『中国企業改革の研究：国家・企業・従業員の関係』中央経済社。

川井伸一、2003、『中国上場企業：内部者支配のガバナンス』創土社。

菊池道樹、1998、「新制度学派の中国経済論―農村工業化論（その1）」『経済志林』第66巻第2号。

木崎翠、1995、『現代中国の国有企業―内部構造からの試論』財団法人アジア

経済学会。
小林実・呉敬璉、1993、『中国高成長経済への挑戦』日本経済新聞社。
興梠一郎、2002、『現代中国：グローバル化のなかで』岩波書店。
小島麗逸、1997、『現代中国の経済』岩波書店。
小島麗逸・石原亨一編、1994、『原典中国現代史　第三巻　経済』岩波書店。
國谷知史、1994年、「国有企業と株式制度」『中国研究月報』555号（1994年5月号）。
國谷知史、1997、「四川省における地方国有企業の改革：資産経営形式を中心として」『中国研究月報』587号（1997年1月号）。
小宮隆太郎、1989、『現代中国経済―日中の比較考察―』東京大学出版会。
黒田由彦、2000、「中国」中田実編『世界の住民組織：アジアと欧米の国際比較』自治体研究社。
李黎明、1998、「中国の株式合作企業に関する法的考察」『中国研究月報』606号（1998年8月号）。
凌星光、1996、『中国の経済改革と将来像』日本評論社。
李維安、1999、「中国のコーポレート・ガバナンス：企業統治制度の転形を中心として」植竹晃久・仲田正機編『現代企業の所有・支配・管理：コーポレート・ガバナンスと企業管理システム』ミネルヴァ書房。
劉徳強、2001、「国有企業改革は失敗したか？」南亮進・牧野文夫編『中国経済入門：目覚めた巨龍はどこへ行く』日本評論社。
劉求實・橋爪大三郎、2002、「改革開放下における『単位』制度の変容と共産党の主導権」『中国研究月報』652号（2002年6月号）。
萬成博、1999、「改革下の中国国有企業」萬成博編『現代中国国有企業Ⅱ』白桃書房。
萬成博編、1997、『現代中国国有企業Ⅱ』白桃書房。
丸川知雄、1994、「中国における企業間関係の形成：自動車産業の事例」『アジア経済』第35巻第9号。
丸川知雄、1996a、「中国の国有企業改革の動向」長岡貞男・馬成三・S. ブラギンスキー『中国とロシアの産業変革』日本評論社。「地方所有」の問題を指摘。有益！
丸川知雄、1996b、「市場経済移行のプロセス：中国電子産業の事例から」『ア

ジア経済』第37巻第6号。
丸川知雄、1999、『市場発生のダイナミズム』アジア経済研究所。
丸川知雄、2000a、「中小公有企業の民営化：四川省のケース」『中国研究月報』626号（2000年4月号）。
丸川知雄、2000b、「集団所有制企業の民営化」『中国経営管理研究』創刊号。
丸川知雄編、2000、『移行期中国の産業政策』アジア経済研究所。
丸川知雄編、2002、『中国企業の所有と経営』アジア経済研究所。
丸山伸郎、1994、『90年代中国地域開発の視角』アジア経済研究所。
松戸武彦、1999、「中国社会の変動と社会構造化」佐々木衛・松戸武彦編『地域研究入門(1)―中国社会研究の理論と技法』文化書房博文社。
南亮進・牧野文夫編、1999、『大国への試練』日本評論社。
南亮進・牧野文夫編、2002、『中国経済入門：目覚めた巨龍はどこへ行く』日本評論社。
南裕子、1999、「都市と農村の関連構造、地方都市の変化」佐々木衛・松戸武彦編『地域研究入門(1)―中国社会研究の理論と技法』文化書房博文社。
三宅康之、2000、「地方大都市の制度改革―計画単列都市改革の意義と限界」天児慧・菱田雅晴編『深層の中国社会―農村と地方の構造的変動』勁草書房。
毛里和子、1990、『毛沢東時代の中国』日本国際問題研究所。
毛里和子、1995、『市場経済下の中の中国』日本国際問題研究所。
長岡貞夫・馬成三・ブラギンスキー編、1996、『中国とロシアの産業改革：企業改革と市場経済』日本評論社。
中兼和津次、1992、『中国経済論：農工関係の政治経済学』東京大学出版会。
中兼和津次編、1997、『改革以後の中国農村社会と経済：日中共同調査による実態分析』筑波書房。
中村則弘、1994、『中国社会主義解体の人間的基礎：人民公社の崩壊と営利階級の形成』国際書院。
日本労働研究機構、1998、『中国の労働・社会保障システムの基礎的研究(I)』。
21世紀政策研究所、2001、『中国の国有企業改革とコーポレート・ガバナンス』。
西川博史・谷源洋・凌星光編、2003、『中国の中小企業改革の現状と課題』日

本図書センター。

岡部達味・安藤正士、1996、『原典中国現代史　別巻　中国研究ハンドブック』岩波書店。

Qian, Yingyi and Barry R. Weingast、1997、「制度、政府行動主義と経済発展：中国国有企業ち郷鎮企業の比較」青木昌彦・金瀅基・奥野正寛編『東アジアの経済発展と政府の役割：比較制度分析アプローチ』日本経済新聞社。

任大川、2001、「中国の小型国有企業における財産権改革の現実とその意義：経済発展と企業改革」『中国研究月報』626号（2001年2月号）。

任雲、2002、『銀行中心のコーポレート・ガバナンス：その理論と中国への応用』学文社。

榊原英資編、1995、『日米欧の経済・社会システム』東洋経済新報社。

佐々木衛・松戸武彦、1999、『地域研究入門(1)：中国社会研究の理論と方法』文化書房博文社。

佐々木衛、1999、「中国社会研究と日本社会学」佐々木衛・松戸武彦編『地域研究入門(1)―中国社会研究の理論と技法』文化書房博文社。

首藤明和、2003、『中国の人治社会：もうひとつの文明として』日本経済評論社。

園田茂人、2001、『現代中国の階層変動』中央大学出版部。

曽士才等編、1990、『アジア読本：中国』河出書房新社。

朱建栄、1994、『江沢民の中国：内側から見た「ポスト鄧小平」時代』中央公論社。

朱建栄、1998、『朱鎔基の中国改革』PHP研究所。

朱建栄、2002、『中国　第三の革命：ポスト江沢民時代の読み方』中央公論社。

田島俊雄、2000、「書評：丸川知雄編『移行期中国の産業政策』アジア経済研究所」『中国研究月報』631号（2000年9月号）。

田中信行、1994、「中国における株式制度の実験過程」『中国研究月報』555号（1994年5月号）。

田中信行、2000、「中国的コーポレート・ガバナンスの展開―政治的中核論と戦略的再編論の確執」、『中国研究月報』633号（2000年11月号）。

唐燕霞、1998、「制度改革と中国社会構造の変容」日本労働研究機構『中国の労働・社会保障システムの基礎的研究（Ⅰ）』。

上原一慶、1986、『経済体制改革下の中国企業：企業調査資料集』京都大学経済研究所。

上原一慶、1987、『中国の経済改革と開放政策』青木書店。

上原一慶編、1994、『現代中国の変革：社会主義システムの形成と変容』世界思想社。

上原一慶、1997、「中国の国有企業改革」佐々木信彰編『現代中国経済の分析』世界思想社。

上原一慶、1998、「所有制構造改革と国有企業改革のゆくえ」『中国21』1998年6月臨時増刊号(愛知大学現代中国学会)。

上原一慶、2000、「国有企業改革と労働者」中兼和津次編『現代中国の構造変動2：経済－構造変動と市場化』東京大学出版会。

上野和彦、1993、『現代中国の郷鎮企業』大明堂。

植竹晃久、1999、「現代企業のガバナンス構造と経営行動」植竹晃久・仲田正機編『現代企業の所有・支配・管理：コーポレート・ガバナンスと企業管理システム』ミネルヴァ書房。

植竹晃久・仲田正機編、1999、『現代企業の所有・支配・管理：コーポレート・ガバナンスと企業管理システム』ミネルヴァ書房。

王曙光、1996、『詳説中国改革開放史』勁草書房。

王在喆、2001、『中国の経済成長：地域連関と政府の役割』慶應義塾大学出版会。

王東明、2002、「中国の株式所有構造とコーポレート・ガバナンス」井村進哉・福光寛・王東明『コーポレート・ガバナンスの社会的視座』日本経済評論社。

渡邉真理子編、1999、『中国の不良債権問題』アジ研トピックレポート No.36, 日本貿易振興会アジア経済研究所。

渡辺利夫、1993、『華南経済：中国改革開放の最前線』勁草書房。

渡辺利夫、1994、『社会主義市場経済の中国』講談社。

渡辺利夫編、1995、『中国の経済改革と新発展メカニズム』東洋経済新報社。

渡辺利夫・加藤弘之・白砂堤津耶・文大宇、1999、『図説中国経済(第2版)』日本評論社。

渡辺利夫・小島朋之・杜進・高原明生、1999、『毛沢東、鄧小平そして江沢民』

東洋経済新報社。

呉国光、2000、「地方主義の発展と政治統制、制度退行」天児慧編『現代中国の構造変動4：政治―中央と地方の構図』東京大学出版会。

徐春陽、1998、「国有企業の改革の特質とその社会的帰―90年代以後を対象として―」『情報文化研究』第8号（名古屋大学大学院人間情報学研究科・情報文化学部）。

徐春陽、1999、「中国国有企業の改革過程の研究―四川省合川市における国有企業改革の事例研究―」『情報文化研究』第10号（名古屋大学大学院人間情報学研究科・情報文化学部）。

徐春陽、2003、「現代中国の国有企業の改革と地方政府：90年代の産権改革を見る枠組みの検討を中心に」『日中社会学研究』第11号。

胥鵬、1998、「中国株式市場の現状と展望：コーポレート・ファイナンスとガバナンスの市場化」『中国研究月報』605号（1998年7月号）。

許海珠、1999、『中国国有企業の戦略的転換』晃洋書房。

山本恒人、1994、「工業化と中国社会主義の形成」上原一慶編『現代中国の変革：社会主義システムの形成と変容』世界思想社。

虞建新、2001、『中国国有企業の株式会社化』信山社。

趙宏偉、1998、『中国の重層集権体制と経済発展』東京大学出版会。

[英語文献]

Berle, A. A. and G. C. Means, 1932, *The Modern Corporation and Private Property*, The Macmillan Company.（＝1958、北島忠夫訳『近代株式会社と私有財産』文雅堂。）

Chung, Jae Ho, 1995, "Studies of Central-Provincial Relations in the People's Republic of China：A Mid-Term Appraisal," *The China Quarterly*, No.142, June 1995.

Montinola, Gabriella, Yingyi Qian and Barry R. Weingast,1995, "Federalism, Chinese Style：The Political Basis for Economic Success in China," *World Politics*, Vol. 48 (Number 1).

Myrdal, Gunnar, 1971, *Asian Drama：An Inquiry Into the Poverty of Nations*, An Abridgment by Seth S. King of The Twentieth Century Fund Study,

Pantheon Books.(＝1974a、板垣與一監訳『アジアのドラマ(上)：諸国民の貧困の一研究』東洋経済新報社；＝1974b、板垣與一監訳『アジアのドラマ(下)：諸国民の貧困の一研究』東洋経済新報社。)

Oi, Jean C., 1992, "Fiscal Reform and the Economic Foundations of Local State Corporatism in China," *World Politics*, 45(October).

Oi, Jean C., 1995、"The Role of the Local State in China's Transitional Economy," *The China Quarterly*, No.144.

Walder, Andrew G., 1995, "Local Government as Industrial Firms：An Organizational Analysis of China's Transitional Economy," *The American Journal of Sociology*, Vol.101, No.2(September),263-301.

World Bank, 1991, *World Development Report 1991*, Oxford University Press.

World Bank, 1996, *The Chinese Economy：Fighting Inflation, Deeping Reforms*, Report No.15288-CHA.

World Bank, 1997a, *China Reform of State-Owned Enterprises*, Report No.14924-CHA.

World Bank, 1997b, *China's Management of Enterprise Assets：The State as Shareholder*, Report No.16265-CHA.

[中国語文献]

陳清泰・呉敬璉・謝伏瞻編、1999、『国企改革攻堅15題』中国経済出版会。

陳永忠・姚洪、2000、『国有企業資本営運研究』人民出版社。

丁徳章・胡懐国、2001、「企業改革的目標」周紹朋・丁徳章・許正中編『国有企業改革与発展』経済科学出版社。

段若鵬・鐘声・王心富・李拓、2002、『中国現代化進程中的階層結構変動研究』人文出版社。

国家経貿委企業改革司編、2000、『国有企業改革与建立現代企業制度』法律出版社。

何清漣、1998、『現代化的陥穽：当代中国的経済社会問題』今日中国出版社。(＝2002、坂井臣之介・中川友訳『現代化の落とし穴：噴火口上の中国』草思社)。

黄朗輝・楊玉民、1996、「"八五"国有企業改革回顧与思考」『管理世界』1996年第五期。

胡輝蘇・陸学芸編、2000、『中国経済改革与社会結構調整』社会科学文献出版社。

李培林、1992、『転型中的中国企業：国有企業組織創新論』山東人民出版社。

李培林、1996、「1995－1996年国有企業改革的進程和走向」江流等主編『社会藍皮書：1995—1996年中国社会形勢分析与予測』中国社会科学出版社。

李培林・張翼、2000、『国有企業社会成本分析』社会科学文献出版社。

林毅夫・蔡昉・李周、1995、『中国的奇跡：発展戦略与経済改革』香港中文大学出版社。(＝1998、渡辺利夫監訳・杜進訳『中国の経済発展』日本評論社)。

林毅夫・蔡昉・李周、1998、『充分信息与国有企業改革』香港中文大学出版社。(＝1999、関志雄監訳・李粋蓉訳『中国の国有企業改革：市場原理によるコーポレート・ガバナンスの構築』日本評論社)。

劉建軍、2000、『単位中国：社会調控体系重構中的個人、組織与国家』天津人民出版社。

劉世錦、1996、「中国国有企業的性質与改革逻輯」馬洪編『企業改革中的資産重組：案例研究与理論分析』経済管理出版社。

劉永佶、2002、『民権国有：作為所有者的劳動者対国有企業改革的思考』中国経済出版社。

陸学芸編、2002、『当代中国社会階層研究報告』社会科学文献出版社。

馬洪編、1996、『企業改革中的資産重組：案例研究与理論分析』経済管理出版社。

任暁、1998、『中国行政改革』浙江人民出版社。

沈立人、1999、『地方政府的経済職能和経済行為』上海遠東出版社。

宋冬林等、2001、『老工業基地国有企業深化改革研究』長春出版社。

邵寧・周放生・熊志軍、2002、『中国企業脱困報告』経済管理出版社。

孫小蘭、2002、『21世紀的国有企業』経済管理出版社。

王玉鉄、2000、『工人分股権』中国工人出版社。

呉敬璉、2001、『改革：我們正在過大関』生活・読書・新知三聯書店。

呉敬璉、2003、「中国腐敗的治理」『戦略与管理』2003年2期。

王延中、2000、『WTO与中小企業発展戦略』広東旅游出版社。

肖耿、1997、『産権与中国的経済改革』中国社会科学出版社。

徐敦楷・鄭継方、2000、『突囲与再造：国有企業改革的縦深戦略』中国財経経済出版社。

向暁梅編、2001、『経済全球化時代国有工業企業改革与発展：広東創新探索』四川大学出版社。

楊艶琳・陳銀娥・宋才発、2000、『国有工業企業改革的実践与走向』華中師範大学出版社。

楊天賜編、1997、『党的十五大報告経済詞語解釈』中国財政経済出版社。

游正林、2000、『内部分化与流動：一家国有企業的二十年』社会科学文献出版社。

閻志民編、2002、『中国現階段階級階層研究』中共中央党校出版社。

張維新、1996、「関干大中型国有企業改革的理論問題」馬洪『企業改革中的資産重組』経済管理出版社。

張維迎、1999、『企業理論与中国企業改革』北京大学出版会。

張維迎、2001、『産権、政府与信誉』生活・読書・新知三聯書店。

張卓元・胡家勇・劉学敏、2001、『論中国所有制改革』江蘇省人民出版社。

中共上海市委組織部上海市国有資産管理弁公室編、2001、『国有資産監督機制研究』上海財経大学出版会。

趙東栄・喬均、2000、『政府与企業関係研究』西南財経大学出版社。

中国企業家調査系統、1995、「1995年中国企業家成長与発展専題調査報告」『管理世界』1995年第3期。

『中国統計年鑑』(各年度)中国統計出版社。

周紹朋・丁徳章・許正中編、2001、『国有企業改革与発展』経済科学出版社。

周翼虎・楊暁民、2000、『中国単位制度』中国経済出版社

周立群・謝思全編、2001、『中小企業改革与発展研究』人民出版社。

あとがき

　本書は、2004年3月に名古屋大学大学院人間情報学研究科に提出した博士学位論文である。学位取得後、国有資産管理の制度的整備等について補足した上で出版しようと考えていたのだが、日常の忙しさに取り紛れている間に4年の月日が経ってしまった。結局、「おわりに」を付け加えただけで、提出したときとほとんど変更のないままで出版することにした。2007年の人民代表大会で物権法が話題になるなど、中国における所有権改革の問題は現在も進行中なので、それについて考える一つの素材を提供することに意味があると考えたためである。

　本書のもとになった博士論文の作成にあたっては、多くの先生方に指導を仰いだ。まず黒田由彦准教授(名古屋大学大学院環境学研究科)に心から感謝したい。わたしが通った名古屋大学大学院人間情報学研究科は改組され、現在は存在しないが、わたしにとっては永遠の母校である。中田實教授(愛知江南短期大学・学長)、板倉達文教授(名古屋大学名誉教授)、貝沼洵教授(名古屋大学大学院環境学研究科)からは、人間情報学研究科に在籍当時に心のこもったご指導を賜った。横井茂樹教授(名古屋大学情報科学研究科)には、人間情報学研究科にご在籍されていた当時、専門が異なるにもかかわらずゼミに暖かく受け入れて下さり、多方面にわたるご指導を賜った。以上の先生方に深く感謝したい。

ゼミの仲間との日常的な会話や授業での議論からは大きな知的刺激をうけた。とくに谷口功氏（愛知学泉大学専任講師）と単聯成氏（東北師範大学専任講師）に感謝する。

また、名前を挙げるのは差し控えるが、中国での調査を実施する過程で、助言を賜った方々、ならびに調査遂行にあたってご協力頂いた方々すべてに対して、心から感謝申しあげる。

最後に、これまで支えてくれた家族に心から感謝する。学位論文の完成を喜んでくれた父はすでに他界した。父の墓前に本書を捧げたい。

事項索引

〔ア行〕

委託―代理関係……………………… 110
委託―代理問題……………… 102, 114
インサイダー・コントロール…… 81, 82,
　　　　　　　93, 97, 103, 106-108, 115
エージェンシー・コスト…………… 110
エリートの連続……………………… 81, 82
沿海開放都市………………………… 42

〔カ行〕

外資導入………………… 42, 45, 46, 58
各戸生産請負制……………………… 38, 39
株式会社化………………… 54, 56, 59, 60
株主権………………………………… 61
官倒…………………………………… 79, 97
共益権………………………………… 62
郷鎮企業……… 40, 41, 43, 45, 46, 51, 58, 64
経営請負責任制…………………… 50, 161
経営自主権…… 10, 29, 32, 46, 48-50, 57-59,
　　　　　　 69-72, 74, 76, 78, 81, 85, 91, 92, 97
計画経済……………………………… 4, 5
経済特別区…………………………… 42
経済特区……………………………… 42
経路依存性……………………… 158, 162
権威主義的開発体制………………… 174
現代企業制度… 10, 53-57, 59, 60, 72, 92, 112
公有制………………………… 38, 39, 56, 61
コーポレート・ガバナンス…… 8, 11, 69, 82,
　　　　　　 91, 93-99, 101-106, 109, 151, 172
国営企業……………………………… 15, 66
国有企業経営メカニズム転換条例…… 70,
　　　　　　　　　　　　　　　　 72, 118
国有資産の流出……… 78, 83, 84, 86, 97
国家所有権…………………………… 62
五統…………………………………… 28
雇用制度の改革……………………… 84, 85

〔サ行〕

三角債………………………………… 74
産業組織としての地方政府………… 156
残余（財産）請求権………… 62, 102, 114
私営経済……………………………… 49

自益権………………………………… 62
市場保全型連邦制……………… 163-165
市民社会……………………………… 173
社会主義公有制………………… 7, 12, 59,
　　　　　　　　　　 62, 63, 167, 169-171
社会主義市場経済…………… 6, 7, 32, 44,
　　　　　　　　 46, 51-53, 58, 59, 62, 169
社会主義商品経済………………… 43, 48
社会主義初級段階論………… 43, 49, 58
社隊企業……………………………… 40, 41
授権経営……………………………… 115
小城鎮………………………………… 41, 64
諸侯経済……………………………… 111
所有権改革…………………………… 3, 59
所有権の多元化……………………… 56
所有制度の改革…………………… 91-93
所有と経営の分離…………… 4, 6, 8, 53, 56,
　　　　　　 91-94, 96, 98-100, 117, 152, 169
人民公社……………………… 38, 39, 161
漸進主義………………… 44, 46, 59, 80, 83, 106
全人民所有制企業…………………… 15
全人民所有制企業破産法…………… 50
全人民所有制企業経営メカニズム
　　転換条例………………… 52, 58, 86
全人民所有制工業基本法…………… 50
双軌制………………………………… 79
増量改革……………………………… 44
ソ連型経済モデル…………………… 41
損益自己責任制……………………… 41

〔タ行〕

大躍進運動……………………… 38, 40
単位…………………… 10, 19-24, 27, 34, 35, 99
地域コーポラティズム……………… 12
「地域コミュニティ型」政府………… 156
地方政府コーポラティズム
　　………………… 156-160, 163, 165
地方政府の役割……………………… 12
中華人民共和国公司法……………… 55
中共第11期三中全会…… 38, 41, 43, 46, 63
鉄飯椀………………………………… 19
定額請負制…………………………… 42

〔ナ行〕

南巡講話……………………………… 44, 51
軟性国家……………………………… 89
農業の集団化………………………… 25, 39

〔ハ行〕

「ビッグ・バン」アプローチ ……… 36, 81
文化大革命…………………………… 38
放権譲利………………… 41, 42, 74, 111, 122
法人財産権…………… 3, 4, 29, 53, 54, 60-63, 93, 97, 101, 112, 155, 172, 173

〔ラ行〕

利益配当請求権……………………… 62
利改税………………………………… 47, 48
利潤留保制…………………………… 47
レイオフ……………………………… 86, 87
レント・シーキング………… 79, 89, 161
労働契約制……………………… 84, 85, 89
ローカルな開発主義体制………… 148, 151, 153, 165, 172

人名索引

※漢字表記の外国人名は、参考文献表と異なり日本語読み（音読み）で配列している。

〔ア行〕

青木昌彦……… 81, 82, 89, 105, 115, 156, 165
天児慧……………… 64, 65, 111, 115, 175
磯部靖………………………………… 115
伊丹敬之……………………………… 114
稲上毅………………………………… 114
井上隆一郎…………………………… 55
今井健一………………… 104, 105, 107,
　　　　　　　108, 115, 118, 152, 170-172
岩井克人………………………… 63, 99
植竹晃久……………………………… 114
上原一慶……… 28, 104, 105, 107, 108, 152
王曙光………………… 39, 40, 42, 63, 64
王心富………………………………… 89
王東明………………………………… 114
奥野正寛……………………………… 156

〔カ行〕

加々美光行……………………… 74, 171
郝仁平………………………………… 113
何清漣…………………………… 78, 88
加藤秀樹……………………………… 114
加藤弘之………………………… 156, 166
川井伸一……………………… 36, 65, 114
菊池道樹………………………… 154, 156
木崎翠…………………………… 100, 113
許正中…………………………… 31, 78
金澄基………………………………… 156
金碚…………………………………… 78
国谷知史……………………………… 118
黒田由彦……………………………… 36
黄孝春………………………………… 171
江沢民………………… 51, 56, 168, 170
興梠一郎……………………………… 88
胡懐国………………………………… 66
呉敬璉……………… 42, 79, 82, 89, 103
呉国光………………………………… 111
小島麗逸………………………… 35, 65, 89
小林実………………………………… 42
小宮隆太郎…………………………… 17

〔サ行〕

蔡昉………… 26, 44, 65, 67, 73, 88, 102, 115
シェヴィドコ，ヴィタリイ………… 89
周紹朋…………………………… 31, 78
周翼虎………………………………… 27
朱建栄………………… 45, 58, 89, 174
朱鎔基………………… 16, 36, 66, 89, 114
鐘声…………………………………… 89
宋才発…………………………… 30, 88
園田茂人……………………………… 174
孫小蘭………………………………… 70

〔タ行〕

田中信行………………… 67, 92, 169-171
段若鵬………………………………… 89
張維迎………………………………… 102
趙宏偉………………………………… 36
趙紫陽………………… 38, 49, 50, 58
陳銀娥…………………………… 30, 88
陳錫文………………………………… 39
陳立行………………………………… 21
鶴見和子……………………………… 64
丁徳章…………………………… 31, 66, 78
唐燕霞………………………………… 79
鄧小平………………… 38-40, 44, 51, 64

〔ナ行〕

長岡貞夫……………………………… 13
中兼和津次…………………………… 64
中村則弘……………………………… 89
任雲…………………………………… 103
任大川…………………………… 149, 171

〔ハ行〕

橋爪大三郎…………………………… 36
樊鋼……………………………… 36, 103
費孝通………………………………… 64
菱田雅晴……………………………… 175
ブラギンスキー，S.………………… 13
古澤賢治………………………… 40, 63

〔マ行〕

馬成三 ……………………………………… 13
松戸武彦 ………………………………… 92, 97
丸川知雄 ……………………… 109, 112, 114,
　　　　　　　　　　118, 145, 146, 148, 149
萬成博 ……………………………………… 65
毛沢東 ………………………… 27, 36, 38, 65

〔ヤ行〕

山本恒人 …………………………………… 36
楊艶琳 …………………………………… 30, 88
楊暁民 ……………………………………… 27

〔ラ行〕

陸学芸 ……………………………………… 90
李周 ……………… 26, 44, 65, 67, 73, 88, 102
李拓 ………………………………………… 89

劉永佶 ……………………………………… 87
劉求實 ……………………………………… 36
劉建軍 ……………………………………… 27
劉世錦 ………………………………… 27, 87
凌星光 ……………………… 25, 36, 51, 63, 66
虞建新 ……………………………… 66, 67, 175
林毅夫 ……… 26, 44, 65, 67, 73, 88, 102, 115

〔ワ行〕

渡辺利夫 ……………… 40, 42, 47, 64, 72, 87

〔欧字〕

Berle, A. A. ……………………………… 93, 94, 96
Means, G. C. …………………………… 93, 94, 96
Myrdar, G. ……………………………………… 89
Oi, J. C. … 12, 151, 156-159, 161-163, 165, 166
Weingast, B. R. ………………… 163, 165, 166

◇著者紹介

徐　春陽（Xu Chunyang）
- 1965年　瀋陽に生まれる
- 1985年　中央工芸美術大学美術歴史・理論学部卒業
- 1998年　名古屋大学大学院人間情報学研究科修士課程修了
- 2004年　名古屋大学大学院人間情報学研究科から博士号取得

［主要論文］

「国有企業の改革の特質とその社会的帰結―90年代以後を対象として」（名古屋大学大学院人間情報学研究科『情報文化研究』第8号、1998年、123-137頁）

「中国国有企業の改革過程の研究―四川省合川市における国有企業改革の事例研究」（名古屋大学大学院人間情報学研究科『情報文化研究』第10号、1999年、125-140頁）

「社協連携型NPO―常滑市の『あかり』と社会福祉協議会」（黒田由彦編『転換期の地域社会とNPO―愛知県知多地域の地域福祉NPO調査報告書Ⅰ』名古屋・地域社会研究会、2001年、57-67頁）

「現代中国の国有企業の改革と地方政府―90年代の産権改革を見る枠組み検討を中心に」（日中社会学会『日中社会学研究』第11号、2003年、89-114頁）

「助け合いと介護保険事業の両立をめざすNPO―大府市のNPO法人『さわやか愛知』」（黒田由彦編『地域福祉を創造するNPO―愛知県知多地域の地域福祉NPO調査報告書Ⅱ』名古屋・地域社会研究会、2004年、32-39頁）

The Study of Reform of Ownership in China

中国所有権改革の研究
2008年7月10日　初　版　第1刷発行

＊定価はカバーに表示してあります
〔検印省略〕

著者ⓒ徐春陽　　発行者　下田勝司　　　　　印刷・製本／中央精版印刷

東京都文京区向丘1-20-6　　郵便振替00110-6-37828
〒113-0023　TEL(03)3818-5521　　FAX(03)3818-5514

発行所　株式会社　東信堂

Published by TOSHINDO PUBLISHING CO., LTD
1-20-6, Mukougaoka, Bunkyo-ku, Tokyo, 113-0023, Japan
E-mail : tk203444@fsinet.or.jp

ISBN 978-4-88713-847-6　C3036　ⓒXu Chunyang

東信堂

人間の安全保障——世界危機への挑戦	佐藤誠編	三八〇〇円
政治学入門——日本政治の新しい夜明けはいつ来るか	安藤次男編	一八〇〇円
政治の品位	内田満	二〇〇〇円
早稲田政治学史研究	内田満	三六〇〇円
「帝国」の国際政治学——冷戦後の国際システムとアメリカ	内田満	四七〇〇円
解説 赤十字の基本原則——人道機関の理念と行動規範	J・ピクテ 山本吉宣	一〇〇〇円
医師・看護師の有事行動マニュアル——医療関係者の役割と権利義務	井上忠男訳	一二〇〇円
	井上忠男	
国際NGOが世界を変える——地球市民社会の黎明	功刀達朗編著	二〇〇〇円
国連と地球市民社会の新しい地平	功刀達朗・毛利勝彦編著	三四〇〇円
社会的責任の時代——企業・市民社会・国連のシナジー	功刀達朗・野村彰男編著	三二〇〇円
実践 マニフェスト改革——新たな政治・行政モデルの創造	松沢成文	二三〇〇円
実践 ザ・ローカル・マニフェスト——現場からの日本政治改革	松沢成文	一二三八円
ポリティカル・パルス	大久保好男	二〇〇〇円
時代を動かす政治のことば——尾崎行雄から小泉純一郎まで	読売新聞政治部編	一八〇〇円
大杉榮の思想形成と「個人主義」	飛矢崎雅也	二九〇〇円
〈現代臨床政治学シリーズ〉		
リーダーシップの政治学	石井貫太郎	一六〇〇円
アジアと日本の未来秩序	伊藤重行	一八〇〇円
象徴君主制憲法の20世紀的展開	下條芳明	二〇〇〇円
ネブラスカ州における一院制議会	藤本一美	一六〇〇円
ルソーの政治思想	根本俊雄	二〇〇〇円
シリーズ《制度のメカニズム》		
アメリカ連邦最高裁判所	大越康夫	一八〇〇円
衆議院——そのシステムとメカニズム	向大野新治	一八〇〇円
WTOとFTA——日本の制度上の問題点	高瀬保	一八〇〇円
フランスの政治制度	大山礼子	一八〇〇円

〒113-0023　東京都文京区向丘1-20-6
TEL 03-3818-5521　FAX03-3818-5514　振替 00110-6-37828
Email tk203444@fsinet.or.jp　URL:http://www.toshindo-pub.com/

※定価：表示価格（本体）＋税

東信堂

【未来を拓く人文・社会科学シリーズ 〈全14冊〉】

科学技術ガバナンス	城山英明編	一八〇〇円
ボトムアップな人間関係――心理・教育・福祉・環境・社会の12の現場から	サトウタツヤ編	一六〇〇円
高齢社会を生きる――老いる人／看取るシステム	清水哲郎編	一八〇〇円
家族のデザイン	小長谷有紀編	一八〇〇円
水をめぐるガバナンス――日本、アジア、中東、ヨーロッパの現場から	蔵治光一郎編	一八〇〇円
生活者がつくる市場社会	久米郁夫編	一八〇〇円
グローバル・ガバナンスの最前線――現在と過去のあいだ	遠藤乾編	二二〇〇円
資源を見る眼――現場からの分配論	佐藤仁編	二〇〇〇円
これからの教養教育――「カタ」の効用	葛西康徳・鈴木佳秀編	二〇〇〇円
「対テロ戦争」の時代の平和構築	黒木英充編	続刊
紛争現場からの平和構築――国際刑事司法の役割と課題て	石田勇治・遠藤乾明編	二八〇〇円
公共政策の分析視角	大木啓介編	三四〇〇円
共生社会とマイノリティの支援	寺田貴美代	三六〇〇円
医療倫理と合意形成――治療・ケアの現場での意思決定	吉武久美子	三二〇〇円
改革進むオーストラリアの高齢者ケア	木下康仁	二四〇〇円
認知症家族介護を生きる――新しい認知症ケア時代の臨床社会学	井口高志	四二〇〇円
保健・医療・福祉の研究・教育・実践	山手茂・園田恭一・米林喜男編	二八〇〇円
地球時代を生きる感性――EU知識人による日本への示唆	A.チェザーナ／代表訳者 沼田裕之	二四〇〇円

〒113-0023 東京都文京区向丘1-20-6
TEL 03-3818-5521 FAX 03-3818-5514 振替 00110-6-37828
Email tk203444@fsinet.or.jp URL:http://www.toshindo-pub.com/

※定価：表示価格（本体）＋税

東信堂

プラットフォーム環境教育	石川聡子 編	二四〇〇円
環境のための教育	J・フィエン 石川聡子他訳	二三〇〇円
覚醒剤の社会史―ドラッグ・ディスコース・統治技術	佐藤哲彦	五六〇〇円
捕鯨問題の歴史社会学―近代日本におけるクジラと人間	渡邊洋之	二八〇〇円
新版 新潟水俣病問題―加害と被害の社会学	飯島伸子 舩橋晴俊 編	三八〇〇円
新潟水俣病をめぐる制度・表象・地域	関 礼子	五六〇〇円
新潟水俣病問題の受容と克服	堀田恭子	四八〇〇円
日本の環境保護運動	長谷川公一	二五〇〇円
白神山地と青秋林道―地域開発と環境保全の社会学	長谷川公一	三二〇〇円
現代環境問題論―理論と方法の再定置のために	井上孝夫	二三〇〇円
空間と身体―新しい哲学への出発	井上敏孝	二五〇〇円
環境と国土の価値構造	桑子敏雄	三五〇〇円
森と建築の空間史―南方熊楠と近代日本	桑子敏雄 編	四三八一円
環境安全という価値は…	千田智子	二三〇〇円
環境設計の思想	松永澄夫 編	二三〇〇円
環境 文化と政策	松永澄夫 編	二三〇〇円
責任という原理―科学技術文明のための倫理学の試み『責任という原理』から「心身問題」へ	H・ヨナス 加藤尚武 監訳 H・ヨナス 尾口美佐子・滝口清栄 訳	四八〇〇円 二〇〇〇円
主観性の復権	H・ヨナス 宇佐美公生・盛永審一郎 訳 山本 訳	三五〇〇円
食を料理する―哲学的考察	松永澄夫	二〇〇〇円
経験の意味世界をひらく―教育にとって経験とは何か	市村・早川・松浦・広石 編	三八〇〇円
教育の共生体へ―ボディ・エデュケーショナルの思想圏	田中智志 編	三五〇〇円
アジア・太平洋高等教育の未来像	静岡県総合研究機構 馬越徹 監修	二五〇〇円
人間諸科学の形成と制度化―社会諸科学との比較研究	長谷川幸一	三八〇〇円

〒113-0023　東京都文京区向丘1-20-6　TEL 03-3818-5521　FAX03-3818-5514　振替 00110-6-37828
Email tk203444@fsinet.or.jp　URL=http://www.toshindo-pub.com/

※定価：表示価格（本体）＋税

東信堂

比較教育学——越境のレッスン	馬越徹	三六〇〇円
比較・国際教育学	石附実編	三五〇〇円
比較教育学（補正版）——伝統・挑戦・新しいパラダイムを求めて	M・ブレイ編 馬越徹・大塚豊監訳	三八〇〇円
世界の外国人学校	末藤美津子・武藤孝典・大塚豊監訳	三八〇〇円
教育から職業へのトランジション——若者の就労と進路職業選択の教育社会学	藤田晃之監訳	三六〇〇円
ヨーロッパの学校における市民的社会性教育の発展——フランス・ドイツ・イギリス	山内乾史編著	二六〇〇円
世界のシティズンシップ教育——グローバル時代の国民／市民形成	新井浅浩編著	三八〇〇円
市民性教育の研究——日本とタイの比較	嶺井明子編著	二八〇〇円
アメリカの教育支援ネットワーク——ベトナム系ニューカマーと学校・NPO・ボランティア	平田利文編著	四二〇〇円
アメリカのバイリンガル教育——新しい社会の構築をめざして	野津隆志	二四〇〇円
ドイツの教育のすべて	末藤美津子	三二〇〇円
多様社会カナダの「国語」教育（カナダの教育3）	関口礼子編著	四二〇〇円
国際教育開発の再検討——途上国の基礎教育普及に向けて	浪田克之介編著 マックス・プランク教育研究所研究者グループ編 木戸・長島監訳	三八〇〇円
中国大学入試研究——変貌する国家の人材選抜	小川佳万・西村幹子編著 北村友人編著	一〇〇〇〇円
大学財政——世界の経験と中国の選択	大塚豊編	二四〇〇円
中国の民営高等教育機関——社会ニーズとの対応	呂煒編著 成瀬龍夫監訳	三六〇〇円
「改革・開放」下中国教育の動態	鮑威	四六〇〇円
中国の職業教育拡大政策——背景・実現過程・帰結	阿部洋編著	五四〇〇円
中国の後期中等教育の拡大と経済発展パターン——江蘇省と広東省の比較	劉文君	五〇四八円
中国の高等教育拡大と教育機会の変容——江蘇省の場合を中心に	呉琦来	三八二七円
バングラデシュ農村の初等教育制度受容——国民統合・文化・教育協力	王傑	三九〇〇円
タイにおける教育発展——国民統合・文化・教育協力	日下部達哉	三六〇〇円
マレーシアにおける国際教育関係——教育へのグローバル・インパクト	村田翼夫	五六〇〇円
	杉本均	五七〇〇円

〒113-0023 東京都文京区向丘1-20-6
TEL 03-3818-5521 FAX03-3818-5514 振替 00110-6-37828
Email tk203444@fsinet.or.jp URL:http://www.toshindo-pub.com/

※定価：表示価格（本体）＋税

東信堂

【世界美術双書】

バルビゾン派	井出洋一郎	二〇〇〇円
キリスト教シンボル図典	中森義宗	二二〇〇円
パルテノンとギリシア陶器	関隆志	二三〇〇円
中国の版画──唐代から清代まで	小林宏光	二三〇〇円
象徴主義──モダニズムへの警鐘	中村隆夫	二三〇〇円
中国の仏教美術──後漢代から元代まで	久野美樹	二三〇〇円
セザンヌとその時代	浅野春男	二三〇〇円
日本の南画	武田光一	二三〇〇円
画家とふるさと	小林忠	二三〇〇円
ドイツの国民記念碑──一八一三─一九一三年	大原まゆみ	二三〇〇円
日本・アジア美術探索	永井信一	二三〇〇円
インド、チョーラ朝の美術	袋井由布子	二三〇〇円
古代ギリシアのブロンズ彫刻	羽田康一	二三〇〇円

【芸術学叢書】

芸術理論の現在──モダニズムから	藤枝晃雄編著	三八〇〇円
絵画論を超えて	谷川渥監修	四六〇〇円
幻影としての空間──東西の絵画	尾崎信一郎	三七〇〇円
図学からみた	小山清男	
美術史の辞典	中森義宗・清水忠訳 P・デュロ他	三六〇〇円
図像の世界──時・空を超えて	中森義宗	二五〇〇円
バロックの魅力	小穴晶子編	二六〇〇円
新版 ジャクソン・ポロック	藤枝晃雄	二六〇〇円
美学と現代美術の距離 ──アメリカにおけるその乖離と接近をめぐって	金悠美	三八〇〇円
ロジャー・フライの批評理論──知性と感受	要真理子	四二〇〇円
レオノール・フィニー──境界を侵犯する新しい種	尾形希和子	二八〇〇円
イタリア・ルネサンス事典	J・R・ヘイル編 中森義宗監訳	七八〇〇円
キリスト教美術・建築事典	P・マレー/L・マレー 中森義宗監訳	続刊

芸術／批評 0〜3号　藤枝晃雄責任編集　一六〇〇〜二〇〇〇円

〒113-0023　東京都文京区向丘1-20-6
TEL 03-3818-5521　FAX 03-3818-5514　振替 00110-6-37828
Email tk203444@fsinet.or.jp　URL:http://www.toshindo-pub.com/

※定価：表示価格（本体）＋税